# TEORIA DA COMPUTAÇÃO

MARINO H. CATARINO

# TEORIA DA COMPUTAÇÃO

Freitas Bastos Editora

**Direção Editorial:** Isaac D. Abulafia
**Gerência Editorial:** Marisol Soto
**Diagramação e Capa:** Madalena Araújo

**Dados Internacionais de Catalogação na Publicação (CIP)**
**de acordo com ISBD**

C357t Catarino, Marino H.
Teoria da Computação / Marino H. Catarino. - Rio de Janeiro, RJ : Freitas Bastos, 2023.
200 p. : 15,5cm x 23cm.
ISBN: 978-65-5675-292-1
1. Teoria da Computação. I. Título.
2023-1272 CDD 004
CDU 00

**Elaborado por Odilio Hilario Moreira Junior - CRB-8/9949**
**Índice para catálogo sistemático:**
1. Ciência da Computação 004
2. Ciência da Computação 004

**Freitas Bastos Editora**

atendimento@freitasbastos.com
www.freitasbastos.com

# 1. SUMÁRIO

# 1. INTRODUÇÃO

A área da computação obteve uma visibilidade muito grande no começo do século 21, novos termos, conceitos e funcionalidades possibilitaram popularizar termos antes desconhecidos. Expressões como Inteligência Artificial, Big Data, Internet das Coisas ou Computação em Nuvem se expandiram para diversos setores de atuação.

A aceitação e disseminação de dispositivos móveis permitiu que novas áreas de negócio fossem impactadas com aplicativos digitais, tais como serviços de entrega de comidas ou produtos e de realizar exames laboratoriais sem precisar sair de casa.

Os sistemas bancários e financeiros evoluíram muito graças às tecnologias. O que antes era necessário ir presencialmente aos bancos agora é possível acessar um aplicativo em qualquer local e realizar as transações bancárias com as devidas seguranças, garantindo assim a melhoria e conforto do serviço ofertado.

Com a evolução tecnológica e a inserção de novos segmentos, a necessidade dos programas de computadores aumentou muito. Para implementar estas soluções foram desenvolvidas as linguagens de programação, as quais permitem criar programas para executar tarefas computacionais.

A primeira linguagem de programação imperativa e seu primeiro compilador foi o FORTRAN, desenvolvido para o IBM e apresentado na década de 50 do século passado. Nos anos seguintes outras linguagens de programação como ALGOL, COBOL, C foram sendo divulgadas. Com o passar dos anos surgiram muitas outras linguagens de programação. Podemos mencionar JavaScript, Python, Java, PHP, CSS, C#, C++ e C entre muitas outras.

Cada uma destas linguagens de programação possui sua sintaxe e comandos próprios, com isto requisitando um aprendizado específico que possibilite utilizá-las no desenvolvimento de programas de computador. Ou seja, não basta aprender a programar em uma determinada linguagem para saber programar em outra, é preciso estudar cada uma delas individualmente.

Podemos fazer um comparativo entre a linguagem de programação e a linguagem utilizada para comunicação. Precisamos aprender francês para conseguir escrever em francês e da mesma forma é preciso aprender alemão para escrever em alemão. Não basta saber as regras gramaticais e o vocabulário em francês que se aprende e escreve em alemão.

Apesar de o francês e do alemão serem bem diferentes, ambos utilizam o mesmo alfabeto e possuem similaridade quanto as suas classes gramaticais, por exemplo, ambas as línguas possuem verbos, substantivos, artigos e pronomes. É possível aprender os principais verbos em cada língua e as principais frases e conseguir se comunicar com eles. Por exemplo, os verbos para comprar, dormir, vender e valor.

O mesmo ocorre com as linguagens de programação. Apesar de os princípios serem os mesmos, é preciso aprender cada linguagem de programação individualmente para poder utilizá-la.

Esta é uma das importâncias de teoria da computação, apresentar os principais conceitos relacionados com a criação de linguagens de programação e na concepção de seu uso para elaborar determinadas tarefas, visando solucionar problemas.

Através da compreensão do que é a gramática e das regras que definem uma linguagem é possível elaborar programas mais complexos de computação para a execução de tarefas mais complicados.

Ao longo deste e dos próximos capítulos iremos explorar os principais conceitos e fundamentos referentes à teoria da computação, apresentando o conteúdo de uma forma simples para que seja possível assimilar o conhecimento e empregá-lo independente da linguagem ou área de atuação escolhida.

## 1.1. FUNDAMENTOS DOS CONJUNTOS

Para ser possível uma boa compreensão de alguns assuntos é preciso conhecer os fundamentos que nos possibilite ter uma compreensão melhor do assunto. Um conceito muito importante da matemática e que vamos utilizar amplamente em teoria da computação é o de conjuntos.

Podemos definir conjunto como um grupo de objetos sem repetição ou uma ordenação específica que podem ser representados como uma unidade. Estes objetos são denominados de elementos de um conjunto, por exemplo, o conjunto das vogais possui como elementos: a, e i, o u.

O conjunto de todos os elementos que podem ser considerados em um estudo é chamado de Conjunto Universo. Como exemplos de Conjunto Universo podemos ter um universo composto de todas as letras do alfabeto, onde o conjunto das vogais contém apenas as vogais.

Outro exemplo de Conjunto Universo são os números inteiros, onde podemos ter um conjunto dos números pares pertencente a este universo.

### 1.1.1. Representação dos conjuntos

Uma convenção quanto ao conceito dos conjuntos é que estes sejam representados usando letras maiúsculas e os elementos por letras minúsculas. Nesta notação o Conjunto Universo é representado pela letra U.

Utilizando esta convenção o conjunto das vogais pode ser representado pelo conjunto A que contém os elementos a, e, i, o e u. Uma representação de conjunto (notação) é:

$A = \{a, e, i, o, u\}$

Como um conjunto de números finitos não tem ordenação, a ordem de apresentação dos elementos não tem importância. Por exemplo, o conjunto A pode ser representado da seguinte forma:

$A = \{a, e, i, o, u\}$ e $B = \{u, e, a, i, o\}$

Os conjuntos A e B representam o mesmo conjunto, temos uma relação de igualdade entre eles. Esta relação ocorre quando dois conjuntos possuem exatamente os mesmos elementos. Podemos representar dois conjuntos iguais da seguinte forma:

$A = B$

Quanto à quantidade de elementos que podem estar contidos em um conjunto, existe um tipo específico que é o conjunto unitário, este conjunto é composto por um único elemento. Por exemplo, o conjunto:

$B = \{x\}$

Onde B é o conjunto unitário determinado pelo elemento x.

Também podemos ter conjuntos que não possuem nenhum elemento e são denominados conjuntos vazios, sendo representados pelo símbolo Ø.

A representação matemática dos elementos e dos conjuntos pode ser melhor compreendida utilizando o diagrama de Venn, que é uma representação gráfica proposta pelo matemático e filósofo britânico John Venn (1834-1923). O diagrama de Venn utiliza formas geométricas para representar os elementos de um conjunto.

As principais representações são:

- Conjunto universo: representado por um retângulo.
- Conjunto: a representação de um subconjunto de um conjunto universo é feita utilizando um círculo.
- Elementos: os elementos de um conjunto são representados inseridos dentro dos círculos.

Na figura 1 vemos as representações do conjunto universo (a) e de um conjunto A inserido no conjunto universo (b):

**Figura 1: Diagrama de Venn para representar os conjuntos**

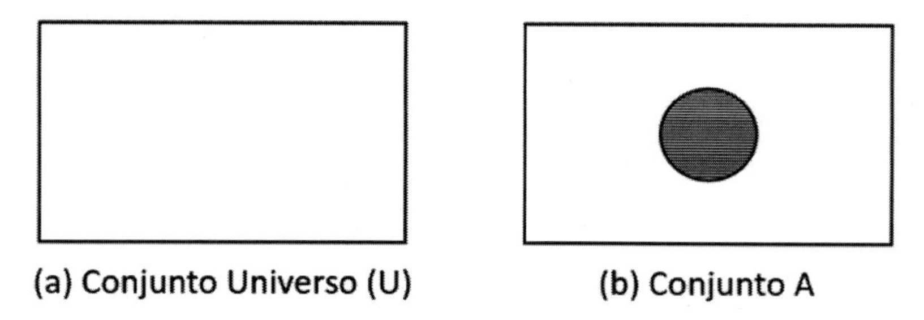


Fonte: Autoria própria.

A representação do conjunto das vogais A pode ser visto na figura 2:

$A = \{a, e, i, o, u\}$

Figura 2: Representação do Conjunto A

Fonte: Autoria própria.

### 1.1.2. Relação de Pertinência

A relação de pertinência se refere a indicar se um elemento pertence ou não a um determinado conjunto. Para isto utilizamos dois símbolos, são eles: ∈ (pertence) e ∉ (não pertence).

Por exemplo, considerando o conjunto A das vogais: A = {a, e, i, o, u} podemos representar que o elemento u pertence a este conjunto da seguinte forma:

$u \in A$

Quanto à representação de que um elemento x não pertence ao conjunto das vogais A temos:

$x \notin A$

Quando temos que mais de um elemento pertencem a um mesmo conjunto, podemos representar utilizando uma única ocorrência do símbolo de pertinência. Por exemplo, os elementos a, e u pertencem ao conjunto A, então podemos escrever:

$a, u \in A$, *ou seja*, $a \in A$ *e* $u \in A$.

### 1.1.3. Família de Conjuntos

Uma família de conjuntos se refere a quando os elementos que fazem parte de um conjunto são também outros conjuntos. Para exemplificar vamos considerar os seguintes elementos:

$\{a, b, c\}$ *e* $\{z, w\}$

Estes elementos fazem parte do conjunto T:

$T = \{\{a, b, c\}, \{z, w\}\}$

Com relação ao pertencimento, temos:

$\{a, b, c\} \in T$ *e* $\{z, w\} \in T$

Em uma família de conjuntos T os elementos que compõe os conjuntos não pertencem ao conjunto T. No exemplo os elementos a ou w não pertencem ao conjunto T:

$T = \{\{a, b, c\}, \{z, w\}\}$

$a \notin T$ *e* $w \notin T$

Pois o conjunto T é composto por dois conjuntos e não por elementos únicos.

Podem existir conjuntos compostos por elementos que são conjuntos e outros elementos que não são conjuntos. Por exemplo:

$T = \{\{a\}, c, \{d, e\}\}$

*Onde* $\{a\} \in T$, $a \notin T$, $c \in T$ *e* $\{c\} \notin T$

### 1.1.4. Relação de Inclusão

A relação de inclusão se refere à relação existente entre um conjunto e os seus subconjuntos. Um subconjunto é composto pelos mesmos elementos do conjunto ao qual ele está contido, então podemos dizer que um conjunto A se encontra contido em um conjunto B, se e somente se todo e qualquer elemento de A também é um elemento de B.

Por exemplo, o conjunto B é composto por três elementos idênticos do conjunto A, então podemos dizer que o conjunto B é um subconjunto de A:

$A = \{a, e, i, o, u\}$ e $B = \{a, e, u\}$

Como o subconjunto B é um subconjunto de A então B está contido em A. Podemos representar esta afirmação com a seguinte notação:

$B \subset A$

Também podemos dizer que A contém B, utilizando a notação:

$A \supset B$

Na figura 3 vemos a representação do subconjunto B contido no conjunto A:

**Figura 3: Representação do subconjunto B contido no conjunto A**

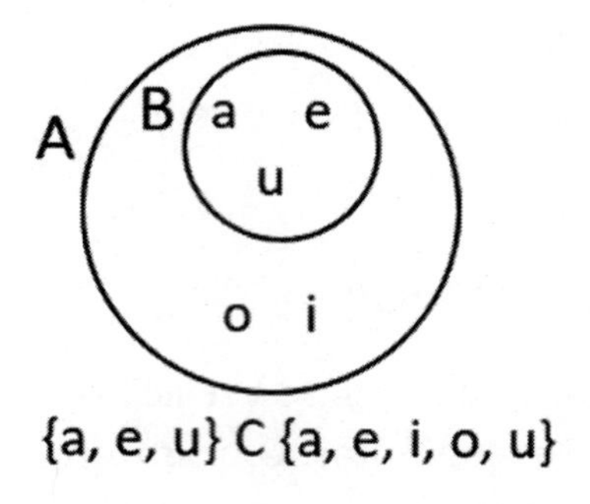


Fonte: Autoria própria.

Podemos indicar que um conjunto A é subconjunto de B através da notação:

$A \subseteq B$

Para indicar a negação de A ⊂ B utilizamos a notação:

$A \not\subset B$

indicando que A não está contido em B ou que A não é um subconjunto de B. Para que um subconjunto não esteja contido em um conjunto deve existir ao menos um elemento do subconjunto que não esteja presente no conjunto.

Outras propriedades dos conjuntos quanto à relação de inclusão são:

1. Um conjunto vazio está contido em todo conjunto:
   $\emptyset \subset A$
2. Propriedade reflexiva: um conjunto se encontra contido nele mesmo.
   $A \subset A$
3. Propriedade antissimétrica: Se um conjunto A está contido em um conjunto B e o conjunto B está contido no conjunto A, então o conjunto A é igual ao conjunto B:
   $(A \subset B \text{ e } B \subset A) \Rightarrow A = B$
4. Propriedade transitiva: Se o conjunto A está contido no conjunto B e o conjunto B está contido no conjunto C, então o conjunto A está contido no conjunto C:
   $(A \subset B \text{ e } B \subset C) \Rightarrow A \subset C$

### 1.1.5. Propriedade da Reunião

Os conjuntos possuem uma propriedade importante que é a da reunião (ou união). Esta propriedade se refere a um conjunto que é o resultante da reunião de todos os elementos que pertencem a outros dois conjuntos. A notação utilizada para a reunião é U. Por exemplo:

*{a, b} U {c, d} = {a, b, c, d}*

Onde o conjunto A = {a, b, c, d} é o resultante da reunião dos conjuntos B= {a, b} com o conjunto C = {c, d}.

Outra característica é que a reunião de dois conjuntos vazios resulta em um conjunto vazio:

*Ø U Ø = Ø*

Da mesma forma, temos que a reunião de qualquer conjunto não vazio com um conjunto vazio resulta no mesmo conjunto não vazio:

*{a, b, c} U Ø = {a, b, c}*

### 1.1.6. Propriedade da Intersecção

A propriedade da intersecção é o conjunto A resultante dos elementos iguais que existem em dois conjuntos B e C. Utilizamos o símbolo ∩ para representar a intersecção. Por exemplo:

*{a, b, c} ∩ {b, c, d} = {b, c}*

Quando os dois conjuntos que serão intersectados não possuem nenhum elemento em comum o resultado é um conjunto vazio. Este conjunto vazio é denominado conjunto disjunto:

*{a, b} ∩ {c, d} = Ø*

Como a intersecção é formada por todos os elementos iguais entre os conjuntos, a intersecção de qualquer conjunto não vazio com um conjunto vazio resulta em um conjunto vazio:

*{a, b} ∩ Ø = Ø*

### 1.1.7. Complemento

Uma propriedade importante dos conjuntos é o complemento. Esta propriedade apresenta todos os elementos que não pertencem a esse conjunto através da notação:

$\overline{A}$

## 1.2. CONCLUSÕES

Os conjuntos possuem muitas propriedades e definições. Neste capítulo foram apresentados os principais assuntos que estão relacionadas com a teoria da computação.

É importante enfatizar que os estudos dos conjuntos é uma das áreas principais da matemática, sendo uma das bases para os estudos da álgebra. Para quem desejar se aprofundar mais no assunto, existem excelentes livros sobre o tema que contêm mais exemplos e definições.

# 2. GRAMÁTICA

Assim como na língua portuguesa, onde a gramática tem como função definir as regras referentes à linguagem, definindo os padrões que devem ser seguidos tanto na escrita quanto na fala, o mesmo ocorre na teoria da computação, onde a gramática apresenta as principais regras que definem uma determinada linguagem.

O elemento base que compõe toda a linguagem é chamado de símbolo. Um símbolo é considerado como uma unidade atômica e pode ser tanto uma única letra quanto uma sequência finita de símbolos, formando uma cadeia de símbolos indivisíveis que também pode ser chamada de palavra.

A gramática pode então ser definida como as técnicas e regras que podem ser utilizadas para gerar uma linguagem específica, para isto utilizando determinados conjuntos de símbolos que seguem regras predefinidas.

Alguns exemplos de símbolos são: a, b, c, d, ab, abc, df, 0, 2.

## 2.1. ALFABETO

Um conjunto finito de símbolos que não seja vazio, contendo ao menos um símbolo é denominado como alfabeto ou vocabulário. O alfabeto latino utilizado no Brasil é um exemplo de alfabeto, é um conjunto finito não vazio contendo 26 símbolos distintos.

A notação para representar o alfabeto é a letra Σ. A seguir vemos exemplos de representações de alfabetos:

$\Sigma = \{a\}$

$\Sigma = \{0, 1, 2\}$

$\Sigma = \{a, b, 1, 2\}$

O alfabeto latino pode então ser representado da seguinte maneira:

$$\Sigma = \begin{Bmatrix} a, b, c, d, e, f, g, h, i, j, k, l, m, \\ n, o, p, q, r, s, t, u, v, w, x, y, z \end{Bmatrix}$$

## 2.2. CADEIA

Uma cadeia é uma sequência finita de símbolos provenientes de um alfabeto. Podemos nos referir a uma cadeia como palavra do alfabeto. Por exemplo, considerando o alfabeto:

$\Sigma = \{a, b\}$

Podemos obter as seguintes cadeias:

Σ: {a, b, ab, baa, bababa}

A palavra abc não pertence ao alfabeto Σ porque o símbolo c não pertence a este alfabeto. Quando uma cadeia é formada por uma sequência com nenhum símbolo a chamamos de cadeia vazia ou nula, representando por ε . Perceba que ε se refere a uma palavra e não um símbolo, então ε não pode pertencer a um alfabeto.

O prefixo de uma cadeia é a sequência inicial dos símbolos desta cadeia, assim como o sufixo é a sequência final. Por exemplo:

*Considerando o* $\sum = \{a, b, c\}$

*Com a palavra:* $\sum$: {acaba}

*Temos os prefixos:* ε , a, ac, acab, acaba.

*E os sufixos:* ε , a, ba, aba, caba, acaba.

Também temos as subcadeias, onde a subcadeia de uma cadeia pode ser qualquer sequência justaposto de símbolos da cadeia. Uma subcadeia pode inclusive ser qualquer sequência de prefixo e sufixo ou outro tipo de sequência.

Por exemplo, para a palavra $\sum$: {acaba} podemos ter como subcadeia: cab e ab.

O reverso de uma cadeia significa que a cadeia reversa contém todos os símbolos da cadeia original, porém justapostos no sentido inverso. Por exemplo, a cadeia α é reverso da cadeia β, podendo ser representada por:

$\alpha = \beta^R$

Então se $\alpha$ = abc a cadeia reverso deve ser $\beta^R$ = cba

A cadeia reversa de uma cadeia nula é a cadeia nula:

$\varepsilon^R = \varepsilon$

Outra característica das cadeias são a concatenação sucessiva de símbolos, representada por $\alpha^i$, onde i é um número inteiro maior ou igual a zero que indica a quantidade de símbolos concatenados. Por exemplo, sendo o símbolo a:

$a^0 = \varepsilon$

$a^1 = a$

$a^2 = aa$

### 2.2.1. Comprimento

A quantidade de símbolos que compõe uma cadeia é chamada de comprimento da cadeia. O comprimento deve ser um número inteiro não negativo e a representação do comprimento é feita através da notação:

$| x |$

*Onde x é a palavra.*

Cadeias vazias, ou seja, que não possui nenhum símbolo tem comprimento 0. A seguir são apresentados os comprimentos de algumas cadeias:

$| \varepsilon | = 0$

$| a | = 1$

$| ab | = 2$

$| bababa | = 6$

Considerando o alfabeto $\sum$ e sendo x uma palavra deste alfabeto com o comprimento k, então o conjunto de todas as palavras do alfabeto com o mesmo comprimento k é representado pela notação:

$\sum^k$

Por exemplo, seja $\sum = \{a, b\}$ então:

$\sum^0 = \{\varepsilon\}$

$\sum^1 = \{a, b\}$

$\sum^2 = \{aa, ab, ba, bb\}$

### 2.2.2. Concatenação

A concatenação é uma característica importante das cadeias. A concatenação se refere a geração de uma nova cadeia resultante da concatenação dos símbolos de outras duas cadeias.

A representação da concatenação é o ponto ".", porém este pode ser omitido. Por exemplo, tendo as cadeias x e a cadeia y podemos obter uma nova cadeia z como resultante da concatenação dos símbolos de x seguidos pelos símbolos de y.

$x = ab$

$y = c$

$z = x.y = xy = abc$

O comprimento da nova cadeia z é a soma dos comprimentos das cadeias concatenadas:

$|z| = |x| + |y|$

Quando realizamos a concatenação de qualquer cadeia não vazia com uma cadeia vazia obtemos como resultante a mesma cadeia não vazia:

$x \cdot \varepsilon = x$

## 2.3. LINGUAGEM

A linguagem é o conjunto de todas as cadeias possíveis do alfabeto de qualquer comprimento, inclusive zero. Uma cadeia é também denominada sentença de uma linguagem quando ela pertence a uma linguagem específica. Podemos então definir que linguagens são coleções de sentenças de um alfabeto.

O alfabeto é composto de símbolos os quais podem ser usados nas cadeias gerando sentenças para uma linguagem.

Denominamos este alfabeto de fechamento reflexivo e transitivo ou fechamento recursivo e transitivo e utilizamos a seguinte notação para representar este conjunto:

$\sum^*$

*Sendo* $\sum^* = \mathrm{U}_{k=0 \text{ até } \infty} \sum^k = \sum^0 \mathrm{U} \sum^1 \mathrm{U} \sum^2 \ldots$

Desta forma toda e qualquer linguagem L sobre um alfabeto $\sum$ pode ser definida como sendo um subconjunto de $\sum^*$, assim podemos representar com:

$L \subseteq \sum^*$

O fechamento transitivo de um alfabeto Σ é a representação do conjunto de todas as palavras possíveis do alfabeto menos a palavra vazia $\sum^0$. A representação do fechamento transitivo é:

$\sum^+$

*Onde* $\sum^+ = U_{k=1 \text{ até } \infty} \sum^k = \sum^1 U \sum^2 U \sum^3 \ldots$

$\sum^+ = \sum^* - \{ \varepsilon \}$

Podemos apresentar a linguagem da seguinte forma:

$L = \{a, bc, acaba\}$

Onde a, bc e acaba são as palavras da linguagem.

Sendo a linguagem um conjunto, todas as propriedades de conjuntos são aplicadas às linguagens: reunião, intersecção, concatenação.

### 2.3.1. Maior e menor e todas as linguagens

A definição da maior linguagem é a linguagem onde o conjunto de propriedades é o menos restritivo possível, sendo válidas toda e qualquer cadeia independente do comprimento.

Neste caso a maior linguagem L definida sobre um alfabeto Σ é: L = Σ*, onde todas as demais linguagens provenientes deste mesmo alfabeto serão obrigatoriamente a um subconjunto de $\Sigma^*$.

O conceito de menor linguagem se refere a uma linguagem proveniente de um alfabeto Σ que seja composta por zero sentenças, uma linguagem vazia que é representada por: Ø.

Por fim, o conceito de todas as linguagens se refere ao conjunto de todos os subconjuntos que podem ser gerados de $\Sigma^*$, sendo representados por:

$$2^{\Sigma^*}$$

### 2.3.2. Complemento e reverso

A linguagem é um conjunto e como tal possui as propriedades dos conjuntos de complementação e de reverso. Considerando uma linguagem L sobre um alfabeto Σ temos:

$$\overline{X} = \Sigma^* - X$$

Uma linguagem $L_1$ é reverso de uma linguagem $L_2$ quando as sentenças de $L_1$ possuem os símbolos como reverso das sentenças de $L_2$:

$$L_1 = L_2^R$$

Por exemplo, sendo L1 = {a, ab, abc} então L2 = {a, ba, cba}.

## 2.4. GRAMÁTICA

A gramática é uma técnica que é utilizada para gerar uma linguagem. Ou seja, é a gramática que possui as regras e características de uma determinada linguagem, propiciando a geração das cadeias que pertençam a esta linguagem.

As linguagens de programação são um subconjunto próprio do fechamento reflexivo e transitivo em cima de um alfabeto utilizado para gerar as cadeias. As cadeias devem ser reconhecidas pela linguagem.

É preciso adotar quais são os métodos e notações que possibilitem identificar as cadeias que pertencem à linguagem definida e para isto utiliza-se a gramática.

A gramática se refere as definições finitas de dispositivos de geração de cadeias que permitam gerar toda e qualquer cadeia que pertence à linguagem que é definida pela gramática. Não possibilitando gerar cadeias que não pertençam à linguagem estipulada, independente da linguagem ser finita ou infinita.

### 2.4.1. Reconhecedores

Reconhecedores são máquinas formais que conseguem reconhecer uma gramática, para isto possuem especificações finitas para aceitação de cadeias. Um reconhecedor gramatical deve aceitar toda e qualquer cadeia que pertence à linguagem e deve recusar qualquer cadeia que não pertença à linguagem.

Os reconhecedores são utilizados para a especificação formal de linguagens finitas e infinitas. Desta forma, os reconhecedores em conjunto com a gramática permitem compreender a estrutura sintática definida para a geração das sentenças das linguagens.

Podemos considerar então um reconhecedor como sendo um programa que tem como entrada uma gramática $G$ e uma cadeia $w$ e deve retornar se $w$ pode ou não ser gerada por $G$.

Uma gramática é equivalente a um reconhecedor se toda cadeia que for gerada pela gramática for aceita pelo reconhecedor, e quando toda cadeia que for aceita pelo reconhecedor ser gerada pela gramática.

### 2.4.2. Enumerações

As enumerações apresentam todas as cadeias que pertencem a uma linguagem específica. Somente as cadeias que pertencem à linguagem devem ser relacionadas, as cadeias que não pertencem não devem constar. A enumeração só é utilizada para especificar uma linguagem finita.

Enquanto que a gramática e os reconhecedores podem ser empregados em linguagens infinitas, as enumerações não podem.

### 2.4.3. Regras de produção

As regras de produção, ou funções de transição, apresentam como podemos trabalhar com um determinado conjunto de símbolos realizando associações com o objetivo de obter sentenças complexas.

Estas regras consideram um símbolo inicial como ponto de partida e através do uso das regras possibilitam gerar todos os elementos de uma linguagem. Com o alfabeto e o conjunto de símbolos definido, podemos utilizar as regras de produção para gerar cada palavra.

Na regra de produção podemos substituir os símbolos não terminais conforme especificado pela regra, enquanto que os símbolos terminais não podem ser substituídos e se referem aos símbolos do alfabeto.

A representação da regra de produção é através de um par ordenado:

(u, v), u → v, onde u e v são formadas com símbolos do alfabeto, variáveis e terminais.

As regras de produção seguem a seguinte convenção:

- Não terminais – letras maiúsculas;
- Terminais – letras minúsculas.

A gramática se inicia com a raiz da gramática, sendo está representada pelo símbolo S. A cadeia resultante da aplicação das regras de produção a partir da raiz da gramática é chamada de forma sentencial.

Por exemplo, considerando as duas regras de produção de uma linguagem a seguir:

*1. S → ε*

*2. S → 0 S 1*

Sendo S é o símbolo não terminal e 0 e 1 os símbolos terminais. Sempre iniciamos a produção com o símbolo inicial, no caso o S, e depois verificamos qual regra de produção iremos seguir:

*Iniciamos com: S*

*Aplicamos a regra 2 em S: S → 0 S 1*

*Aplicamos a regra 2 em S: 0 S 1 → 00 S 11*

*Aplicamos a regra 1 em S: 00 S 11 → 00 ε 11*

*Como ε é cadeia vazia e não existe mais nenhum S para ser substituído pela regra, então: 0011*

Podemos representar a aplicação das regras de produção da sentença da seguinte forma:

$S \rightarrow a\,S\,b \rightarrow aa\,S\,bb \rightarrow aa\;\varepsilon\;bb \rightarrow aabb$

Nos casos em que o lado esquerdo das regras de produção é igual, pode-se utilizar o símbolo | para combinação e assim simplificar a notação. Por exemplo:

$S \rightarrow AB$

$A \rightarrow a$

$A \rightarrow AB$

$B \rightarrow b$

Utilizando o símbolo | temos:

$S \rightarrow AB$

$A \rightarrow a \mid AB$

$B \rightarrow b$

Repare que somente quando o lado esquerdo é idêntico é que podemos utilizar esta representação.

Nesta situação quando vou substituir o não terminal A tenho duas opções, trocar pelo terminal a ou por AB. Vamos utilizar estas regras de produção para gerar a sentença abb:

$S \rightarrow AB \rightarrow ABB \rightarrow aBB \rightarrow abB \rightarrow abb$

Também é possível remover um símbolo não terminal direcionando para o símbolo vazio. O símbolo ε fica omitido na sentença final:

$S \rightarrow \varepsilon$

Vemos a seguir a aplicação desta regra adicionando o vazio como possibilidade de A:

$S \rightarrow AB$

$A \rightarrow \varepsilon \mid a \mid AB$

$B \rightarrow b$

Então agora é possível gerar novas sentenças que incluam somente o b:

$S \rightarrow AB \rightarrow \varepsilon B \rightarrow B \rightarrow b$

As aplicações das regras de produção em uma raiz da gramática possibilitam a geração de inúmeras sentenças, além do que uma mesma sentença pode ser gerada de diversas formas. Apesar de a cadeia final ser a mesmo, é importante conhecer as diversas alternativas que podem gerá-la, a fim de garantir que a sentença foi obtida empregando corretamente a gramática.

## 2.5. DEFINIÇÃO DA GRAMÁTICA

Uma gramática G pode ser definida por uma quádrupla ordenada:

$G = (V, \Sigma, P, S)$

Onde:

- V: vocabulário da gramática. É o conjunto finito e não-vazio de símbolos chamados de não terminais que são utilizados pelas regras para formação de sentenças da linguagem;
- Σ: alfabeto. Conjunto finito e não-vazio dos símbolos da gramática chamados de terminais;
- P: regras de produção. É o conjunto finito e não-vazio de pares (v, w) das regras de produção utilizados pela gramática para definir a linguagem. Tendo v uma cadeia

pertencente ao alfabeto e deve conter ao menos um símbolo não terminal, já o w é um elemento qualquer do alfabeto. Podemos representar o par (v, w) como v → w;

- S ∈ V: é o símbolo inicial ou axioma da gramática onde se inicia o processo de geração de palavras.

Podemos exemplificar a quádrupla da gramática da seguinte forma:

$G_1 = (V, \Sigma, P, S)$ *onde:*

V = {S, A, B}, *onde S, A e B são os conjuntos de símbolos não terminais;*

Σ = {a, b}, *conjunto de símbolos terminais;*

P = { S → AB, A → a, B → b }, *conjunto das regras de produção;*

S = *é o símbolo inicial.*

Ao utilizar esta gramática $G_1$ podemos gerar diferentes sentenças, por exemplo:

*S → AB*

*AB → aB*

*aB → ab*

As regras de produção podem ser utilizadas de diferentes formas para gerar a mesma sentença:

*S → AB → Ab → ab*

Outro exemplo do uso da gramática:

$G = (V, \Sigma, P, S)$, *onde*

$V = \{S, A\}$

$\Sigma = \{a, b, c\}$

$S = S$

$P = \{ S \rightarrow aSc, S \rightarrow A, A \rightarrow ab, A \rightarrow \varepsilon \}$

Utilizando esta gramática podemos gerar as seguintes sentenças:

$S \rightarrow aSc \rightarrow aaScc \rightarrow aaaSccc \rightarrow aaaabccc$

## 2.6. CLASSES GRAMATICAIS

Em 1959 o linguista Noam Chomsky descreveu a Classificação de gramáticas, resultante de suas pesquisas quanto à classificação hierárquica das linguagens.

Em seu trabalho, Chomsky apresentou a sintaxe da linguagem natural utilizando regras de substituição e transformações. Dentre as diversas regras e restrições vistas, Chomsky apresentou uma que foi fundamental para a teoria da computação, as gramáticas livres de contexto (GLC).

As GLCs demonstraram serem apropriadas para descrever a sintaxe básica de diversas linguagens de programação após o lançamento do ALGOL 60, que foi uma linguagem de programação de alto nível que utilizou como base a linguagem natural de Chomsky.

O ALGOL 60 foi apresentado em 1963 através do artigo "*Revised Report on the Algorithmic Language Algol 60*" publicado na revista *Communications of the ACM* e se tornou o percussor das linguagens de programação, utilizando uma estrutura baseada nos blocos e com uma sintaxe completa utilizando uma linguagem metalinguística, influenciou e direcionou o desenvolvimento outros projetos de linguagens.

A proposta de Chomsky apontava que toda comunicação humana possui duas estruturas:

- Estrutura superficial: relacionada com as palavras existentes em uma comunicação;
- Estrutura profunda: relacionado com a abstração da comunicação vinculada com as regras universais da linguagem.

A estrutura superficial não consegue explicar corretamente a relação existente entre o som de uma frase e o seu significado. Para isto é necessário considerar também a sua estrutura profunda, pois esta estrutura é a forma primitiva da frase, a que contém o significado real do que se deseja transmitir.

Através dos seus estudos linguísticos, Chomsky propôs uma classificação para as linguagens estruturadas em frases. Esta classificação estava organizada em quatro tipos de complexidade crescente, iniciando no tipo 0, que é o menos restrito e indo até o tipo 3, mais restrito.

Nesta classificação cada tipo pertence ao tipo anterior, assim as características do tipo 2 estão contidas no tipo 1 e assim por diante, possibilitando o estudo de cada tipo de forma independente.

A classificação de Chomsky tornou-se referência fundamental para o estudo das linguagens formais, ficando conhecida como Hierarquia de Chomsky.

## 2.6.1. Hierarquia de Chomsky

A hierarquia de Chomsky possui como objetivo apresentar as quatro classes de linguagens ou tipos e os dois últimos tipos (2 e 3) são utilizados na descrição de linguagens de programação.

A proposta da hierarquia é separar as linguagens em classes conforme a sua complexidade, sendo que cada classe é gerada por um tipo de gramática seguindo as regras de produção.

A análise sintática de cada gramática possui diferentes complexidades, então é preciso identificar quais dispositivos são mais indicados para fazer a análise sintática de uma linguagem.

Os quatro tipos são:

- Tipo 0 - Gramáticas irrestritas;
- Tipo 1 - Gramáticas sensíveis ao contexto;
- Tipo 2 - Gramáticas livres de contexto;
- Tipo 3 - Gramáticas regulares.

O Tipo 0 se refere a gramáticas irrestrita ou recursivamente enumeráveis e aceita qualquer regra de produção sem restrições quanto ao formato das sentenças geradas. As regras do tipo 0 são da forma $a \rightarrow b$, sendo qualquer a e b.

No Tipo 1 temos as Gramáticas sensíveis ao contexto, que possuem limitações que são impostas conforme o formato das produções. A limitação na produção se refere que o comprimento da cadeia do lado direito seja pelo menos igual ao comprimento da cadeia do lado esquerdo. Este tipo possui como regra que $\alpha \rightarrow \beta$, sendo que $| \alpha | \leq | \beta |$. Toda produção de P deve ser da forma $vAw \rightarrow vzw$ com z pertencente ao alfabeto e diferente de vazio. Pode ter a regra $S \rightarrow \varepsilon$, desde que em nenhuma outra regra S não aparece do lado direito.

O Tipo 2 são as Gramáticas livres de contexto. As produções de uma gramática livre de contexto devem compreender um símbolo não terminal no seu lado esquerdo e um agrupamento de símbolos terminais e não terminais no lado direito. Seu estudo se baseia em um gerador e um reconhecedor, que conseguem compreender diversas linguagens abordando assuntos como parênteses balanceados ou construções em bloco.

A gramática livre de contexto pode ser empregada na especificação e compilação de linguagens de programação, ou seja, na interpretação e conversão de um programa escrito em uma linguagem de programação para uma linguagem objeto.

Os compiladores também utilizam a gramática livre de contexto na extração dos aspectos semânticos do programa a fim de traduzir para uma linguagem de máquina. É a linguagem de máquina que apresentará os passos para que o computador consiga realizar uma tarefa.

Os algoritmos reconhecedores são normalmente simples e tem como regras que $A \rightarrow \beta$, sendo A é um símbolo não terminal, e $\beta$ é uma sequência qualquer de $V^*$.

Por fim, o Tipo 3 trata das Gramáticas regulares, que são uma linguagem facilmente compreensível com a possibilidade de desenvolver algoritmos reconhecedores eficientes e de fácil implementação. O tipo 3 tem as três regras a seguir:

*$A \rightarrow aB$, onde A e B são não terminais, e a é um terminal;*

*$A \rightarrow a$, onde A é um não terminal, e a é um terminal;*

*$A \rightarrow \varepsilon$, onde A é um não terminal.*

O tipo 3 contém qualquer gramática linear que podem ser classificadas em:

- Gramática linear à direita (GLD): As regras de produção são no formato: $A \rightarrow wB$ ou $A \rightarrow w$

  Por exemplo, as regras de produção:
  $P = \{S \rightarrow aS \mid A, A \rightarrow b \mid c\}$

- Gramática linear à esquerda (GLE): As regras de produção são no formato: $A \rightarrow Bw$ ou $A \rightarrow w$

  Por exemplo, as regras de produção:
  $P = \{S \rightarrow Sa \mid Sb \mid A, A \rightarrow c \mid d\}$

- Gramática linear unitária à direita (GLUD): As regras de produção seguem a GLD acrescido de $|w| <= 1$.
- Gramática linear unitária à esquerda (GLUE): As regras de produção seguem a GLE acrescido de $|w| <= 1$.

Os tipos 2 e 3 são muito utilizados na descrição de linguagens de programação e implementação de interpretadores e compiladores, sendo que o tipo 2 é utilizado em análise sintática, que se refere ao estudo e classificação de todos os elementos que compõe uma frase.

O tipo 3 é utilizado para realizar uma análise léxica, sendo esta a primeira etapa do processo de compilação, dividindo o código fonte em símbolos léxicos e assim preparando para que seja feito a análise sintática.

## 2.7. CONCLUSÕES

A compreensão da gramática, desde os elementos básicos que compõe o vocabulário até o alfabeto adotado auxiliaram na definição das linguagens de programação. Através da gramática é possível compreender como sentenças complexas podem ser geradas através do uso das regras de produção e utilizando os símbolos disponíveis.

Podemos visualizar a gramática como uma máquina que pode gerar e aceitar as sentenças que pertençam a uma linguagem relacionada com ela, sendo que a amplitude das tarefas que podem ser realizadas por esta linguagem depende das regras de produção vinculadas.

No próximo capítulo iremos compreender quais são os tipos e como são elaboradas as linguagens e como podem ser utilizadas.

# 3. LINGUAGEM

Apesar do alfabeto utilizado em diversas línguas ser o mesmo, contendo as 26 vogais e consoantes, existem centenas de línguas e dialetos derivados dele que são bem diferentes. Podemos exemplificar comparando uma palavra: água ou *water* (em inglês) ou *wasser* (em alemão).

Para que isto ocorra existem as gramáticas específicas para cada linguagem, definindo quais são as regras existentes para a criação dos substantivos, verbos e adjetivos. O mesmo ocorre na teoria da computação, apesar de o universo de símbolos ser o mesmo para praticamente todas as linguagens, as possibilidades de linguagens são ilimitadas.

Neste capítulo veremos como são os diferentes tipos de linguagens de computação e como eles são gerados a partir das gramáticas.

## 3.1. DEFININDO A LINGUAGEM

Podemos definir a linguagem como um conjunto que pode ser finito ou infinito composto por cadeias de comprimento finito que são geradas pela concatenação de símbolos pertencentes a um alfabeto finito e não-vazio. Sendo a linguagem um conjunto, todas as operações referentes a conjuntos também se aplicam a ela.

O conjunto de todas as cadeias w geradas por uma gramática G, sendo $G = (V, \Sigma, P, S)$, é denominado como linguagem definida pela gramática G e representado por L(G) onde todas as cadeias possuem símbolos que pertencem ao alfabeto e são todas originarias da raiz da gramática S e usando as regras de produção P. Podemos representar a linguagem por:

$L(G) = \{w \in \Sigma^* \mid S \Rightarrow^* w\}$

Como toda w é gerada utilizando símbolos terminais e símbolos não terminais, então podemos nos referir a w como sendo uma forma sentencial. Assim L(G) é o conjunto de formas sentenciais terminais.

Podemos exemplificar a linguagem considerando a seguinte gramática:

$G = (V, \Sigma, P, S)$ *onde* $V = \{S\}, \Sigma = \{a, b\}, P = \{S \rightarrow aSb, S \rightarrow ab\}$.

Assim L(*G*) se refere ao conjunto de todas as cadeias que são formadas por um grupo não vazio de *a*, concatenado por um grupo de *b* que contém o mesmo comprimento do grupo de a. Podemos representar a linguagem por:

$L(G) = \{a^n b^n \mid n > 0\}$

Conforme visto no capítulo anterior, temos 4 tipos ou tipos de gramáticas:

- Tipo 0 - Gramáticas irrestritas;
- Tipo 1 - Gramáticas sensíveis ao contexto;
- Tipo 2 - Gramáticas livres de contexto;
- Tipo 3 - Gramáticas regulares.

Para cada um destes tipos existem uma linguagem que é gerada por elas. A representação da linguagem gerada por cada gramática pode ser representada por:

$$L_i = \{\, L \subset \Sigma^* \mid L = L(G) \textit{ para alguma gramática G de nível i} \,\}$$

As classes de linguagem seguem a hierarquia de Chomsky, esta hierarquia indica que a linguagem proveniente do tipo 3 é a mais restritiva que existe, se encontrando contida na linguagem de tipo 2, e assim sucessivamente. Podemos representar a hierarquia por:

$$L_3 \subset\neq L_2 \subset\neq L_1 \subset\neq L_0$$

Representando visualmente, fica mais evidente que a linguagem do tipo 3 é a mais abrangente enquanto que a linguagem do tipo 0 é mais restritiva.

**Figura 1: Representação da Hierarquia de Chomsky**

Linguagens enumeráveis recursivamente
Linguagens sensíveis ao contexto
Linguagens livres de contexto
Linguagens regulares

Fonte: Autoria própria

Conforme visto, a gramática do tipo 3 é a primeira etapa do processo de compilação dividindo o código de entrada em símbolos léxicos e com isto preparando para a análise sintática. A linguagem derivada do tipo 3 é chamada de linguagem regular.

Existem as máquinas formais que conseguem reconhecer uma gramática, chamadas de reconhecedores. Na tabela a seguir vemos a relação entre as linguagens, as gramáticas e seus reconhecedores:

**Tabela: Tipo, linguagem, gramática e reconhecedor**

| Tipo | Linguagem | Gramática | Reconhecedor |
|---|---|---|---|
| 0 | Enumeráveis Recursivamente | Irrestritas | Máquinas de Turing |
| 1 | Sensíveis ao Contexto | Sensíveis ao Contexto | Autômato Limitado Linearmente |
| 2 | Livres de Contexto | Livres de Contexto | Autômatos com Pilha |
| 3 | Regulares | Regulares | Autômatos Finitos |

A compreensão de uma linguagem depende da compreensão de como o reconhecedor desta linguagem opera. Apesar de todo reconhecedor ser uma máquina, as diferenças existentes conforme o tipo é muito grande. Os autômatos finitos são a forma mais simples de reconhecedores, compreendendo bem seu mecanismo e como funciona possibilitará compreender mais facilmente a máquina de Turing, que é a máquina mais complexa para compreender as linguagens enumeráveis.

A seguir veremos as características da linguagem mais restritiva, que é a linguagem regular, e a definição dos autômatos finitos.

## 3.2. LINGUAGEM REGULAR

A linguagem regular é gerada pela gramática regular e está também se refere as gramáticas lineares à direita ou à esquerda. As gramáticas lineares à direita ou à esquerda atendem as regras $\alpha \rightarrow \beta$ considerando as seguintes condições:

$\alpha \in N$;

$\beta \in (\Sigma \cup \{\varepsilon\})(N \cup \{\varepsilon\})$ *se linear à direita, ou*

$\beta \in (N \cup \{\varepsilon\})(\Sigma \cup \{\varepsilon\})$ *se linear à esquerda.*

As gramáticas lineares sejam à direita ou à esquerda geram a mesma classe de linguagens. Assim não é relevante definir qual das duas gramáticas utilizar, pois ambas podem representar as mesmas cadeias.

A gramática linear à direita gera cadeias onde o símbolo não terminal deve ser o último símbolo da cadeia ($\gamma X$, $\gamma \in \Sigma^*$, $X \in N$). As sentenças da linguagem são geradas inserindo novos símbolos terminais à direita das formas sentenciais, consecutivamente antes do símbolo não terminal.

Um teorema importante é que, considerando que G1 é uma gramática linear à direita, então deve existir uma gramática linear à esquerda G2 tal que L(G1) = L(G2), e L(G2) = L(G1). Este teorema trata da equivalência da gramática à direita e à esquerda.

Temos a linguagem L e o seu reverso $L^R$ onde $L^R = L^R(G_1)$ representa o reverso da linguagem gerada por $G_{1.}$ Consideremos uma gramática linear a direita $G^a$ onde temos que $L^R = L(G^a)$. Temos então uma gramática $G^{aa}$ obtida através da inversão da gramática $G^a$, então temos uma gramática linear à esquerda que gera L a partir de uma gramática linear à direita que gera $L^R$:

$L(G^{aa}) = L^R(G^a)$

*E $L^R(G^a)$ é igual a $L(G_1)$ e então temos que $G^{aa} = G_2$ e consecutivamente $L^R(G^a) = L(G_1)$*

Conforme visto, o padrão proveniente da gramática de uma linguagem regular não é complicado, com as sentenças aumentando ou para a esquerda ou para a direita. Veremos a seguir como é o funcionamento de um reconhecedor, nos aprofundando no autômato finito.

## 3.3. AUTÔMATO FINITO

Um autômato é uma máquina formada por mecanismos ocultos com o objetivo de imitar os movimentos humanos. Os autômatos também foram estudados com a finalidade de modelar a forma de raciocinar dos seres humanos, evoluindo até os autômatos finitos.

Um autômato finito ou Autômato Finito Determinístico (AFD) é uma máquina de estados finitos com o objetivo de ser um modelo abstrato para computador que possui pouca memória. É considerado um reconhecedor de linguagens porque verifica se uma cadeia de entrada pode ou não ser elaborado por um conjunto de regras que definem a gramática da linguagem.

Para isto analisa cada caractere da cadeia, percorrendo os símbolos um a um desde o início até o término da sequência, testando a sentença. É emitido um parecer pelo autômato quando este finaliza a leitura de cada símbolo da cadeia, indicando o resultado da análise. Somente as cadeias que passarem pelo teste do autômato finito é que serão consideradas pertencentes à linguagem.

Em um autômato finito deve-se considerar que toda cadeia a ser testada é composta dos símbolos pertencentes a um alfabeto de entrada previamente definido. Como não possui memória, o estado contém informações sumarizadas que auxiliem na determinação da próxima entrada, e assim qual deve ser o estado futuro.

### 3.3.1. Funcionamento de um autômato finito

A inserção da cadeia que deve ser analisada por um autômato finito ocorre através de uma fita de entrada que possui comprimento limitado e que contém. Esta fita é dividida em células onde cada uma contém um símbolo da cadeia e não é possível gravar na fita.

A leitura da fita é feita pela unidade de controle. Esta unidade possui um cabeçote de leitura (unidade de leitura) que captura o símbolo armazenado em uma célula da fita por vez. Este cabeçote percorre a fita em um único sentido, sendo este da esquerda para a direita e pode receber um número de estados predefinidos e finitos. Após concluir cada leitura o cabeçote da unidade de controle se move para a próxima célula da fita.

As leituras da unidade de controle são gerenciadas pelas funções de transição, as quais definem o estado da máquina. Conforme o estado atual e o símbolo contido na fita, pode definir um novo estado para o autômato.

Como o autômato finito não possui uma memória auxiliar, o estado atual da máquina contém as informações utilizadas para definir o próximo estado.

O início uma nova leitura de uma cadeia começa no estado inicial e o símbolo presente nesta célula da fita indica qual é o próximo estado que deve ser escolhido pelo autômato. O término da leitura e verificação da cadeia é apontado pelos estados finais.

Assim sendo toda cadeia devidamente lida e aceita pela linguagem deve finalizar com um estado final. Caso ocorra de uma cadeia ser totalmente lida e não encontrar um estado final, então esta cadeia não é aceita.

Conhecendo o mecanismo de operação de um autômato finito, é fácil compreender o seu funcionamento. A entrada da cadeia a ser testada ocorre através da fita de entrada, que armazena toda a cadeia. Em seguida a unidade de controle vai ler cada símbolo da fita de forma sequencial, verificando através das funções de transições, qual o próximo estado que a cadeia deve estar. O resultado é então apresentado.

Um exemplo do funcionamento de um autômato finito é um elevador, sendo este um mecanismo que não memoriza quais são as requisições de paradas recebidas. No elevador o estado contém as informações sobre o andar em que o elevador se encontra naquele momento e a direção de movimento.

Podemos representar visualmente o funcionamento de um autômato finito através da figura 2, a seguir:

**Figura 2: Representação de um Autômato Finito**

Fita de entrada com a cadeia a ser testada

| a | b | b | a | | | | |
|---|---|---|---|---|---|---|---|

Cabeçote de leitura

Unidade de controle

Fonte: Autoria própria

A unidade de controle realiza a leitura de cada célula da fita de entrada e vai interpretando o resultado da leitura definindo qual o estado futuro.

Uma característica importante referente ao autômato finito é que este sempre termina de analisar qualquer entrada já que esta recebe uma cadeia que é finita. Como cada símbolo da cadeia é lido por vez para então verificar qual o estado futuro a ser seguido não tem como o autômato ficar em *loop* infinito ao ler alguma cadeia.

Quando o último símbolo da fita é lido, o autômato finito verifica se o estado em que se encontra é ou não final, se for final então a cadeia é aceita pela linguagem caso contrário a cadeia é rejeitada.

Existem dois tipos de autômatos finitos, o determinístico (AFD) e o não determinístico (AFN). A diferença entre eles está relacionada a quantidade de possibilidades da função de transição possíveis resultantes de cada leitura da fita de entrada. No AFD cada leitura de um símbolo possui uma única função de transição, ou seja, para cada símbolo lido em um estado existe somente um único estado futuro que possa ser alcançado. Já no AFN a leitura de um mesmo símbolo apresenta diversas possibilidades de transição, diversas possibilidades de estados futuros a serem seguidos.

## 3.3.2. Autômato finito determinístico

O autômato finito determinístico possui uma implementação mais simples, pois conseguimos verificar qual deve ser o novo estado considerando cada símbolo lido. A definição formal de um AFD é feita através da quíntupla:

$M = (Q, \Sigma, \delta, q_0, F)$

Onde temos:

*Q – Conjunto finito de estados do autômato;*

*Σ – conjunto finito de símbolos reconhecidos pelo autômato que compõe o alfabeto de entrada;*

*δ – função de transição definida por δ: Q x Σ → Q;*

$q_0$ *– estado inicial onde* $q_0 \in Q$*;*

*F – conjunto de estados finais com F ∈ Q.*

Uma representação da função de transição de um autômato finito pode ser feita de maneira tabular, utilizando uma tabela que apresenta as possibilidades de símbolos de entrada e quais são os estados possíveis que o autômato deve seguir conforme cada leitura. Na figura 3 vemos como deve ser a representação tabular. Denominada Tabela de transição:

**Figura 3: Tabela de transição de um autômato finito**

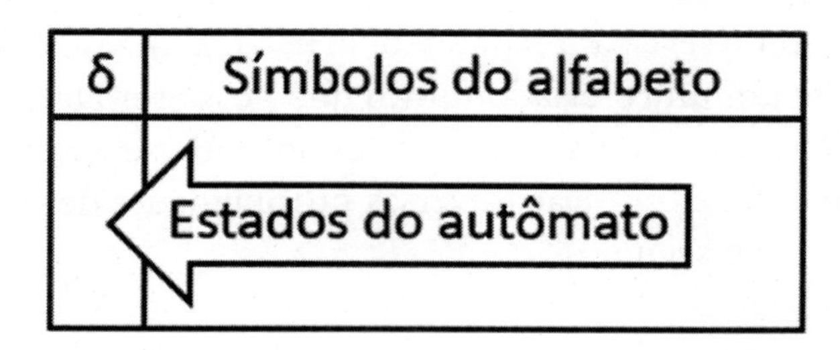


Fonte: Autoria própria

Outra forma de representar um autômato finito determinístico é através de um grafo orientado finito, utilizando as seguintes representações para o estado inicial e o estado final apresentadas na figura 4:

**Figura 4: Representação dos estados inicial e final de um AFD**

Fonte: Autoria própria

E a função de transição entre um estado anterior s para um novo estado s' após a leitura de um símbolo a pode ser representado conforme a figura 5:

**Figura 5: Representação da função de transição de um AFD**

Fonte: Autoria própria

Este grafo é chamado de Diagrama de estados ou Diagrama de transição, pois através dele é possível identificar quais são os estados futuros mediante o símbolo a ser lido na fita de entrada.

Para exemplificar a representação de um autômato finito nos três formatos apresentados vamos considerar o seguinte exemplo, um autômato que recebe como entrada números binários compostos por 0 e 1 e deve reconhecer como linguagem as cadeias que contêm uma quantidade ímpar de 1, independentemente da quantidade de 0. Esta cadeia deve ter ao menos o comprimento maior ou igual a 1 símbolo.

Então este autômato deve reconhecer as seguintes cadeias como pertencentes a linguagem:

*1*

*111*

*010101000*

*011010*

*0000110001*

*11010110*

*01111111000000*

E não deve reconhecer estes tipos de cadeia como pertencentes à linguagem:

*11*

*01100*

*0110010001*

*0110110110*

*Na representação formal da quíntupla temos:* $M = (Q, \Sigma, \delta, q_0, F)$

*Onde:* $Q = \{q_0, q_1\}$, $\Sigma = \{0, 1\}$, $F = \{q_1\}$ *e as funções de transição:*

$\delta(q_0,0) = q_0$ $\delta(q_1,0) = q_1$

$\delta(q_0,1) = q_1$ $\delta(q_1,1) = q_0$

A representação na tabela de transição é:

| δ | 0 | 1 |
|---|---|---|
| $q_0$ | $q_0$ | $q_1$ |
| $q_1$ | $q_1$ | $q_0$ |

E a representação em grafos deste autômato fica:

**Figura 6: Representação de um Diagrama de estado do autômato finito**

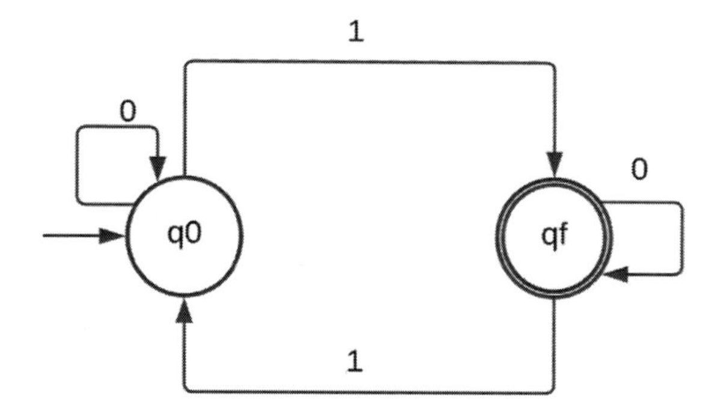


Fonte: Autoria própria

O conjunto das três representações do autômato finito facilitam a compreensão do funcionamento do mesmo, possibilitando verificar quais são as funções de transição e quais os estados envolvidos em cada leitura do símbolo de entrada.

Considerando este exemplo visto, podemos modificá-lo de forma a considerar outra linguagem, que, ao invés de reconhecer ocorrências impares do 1, que reconheça cadeias que tenham ao menos um comprimento de 1 (um) símbolo e que terminem com o símbolo 1.

Ou seja, que reconheça as cadeias:

*1*

*01*

*11*

*101*

*111*

*00001*

A representação formal da quíntupla é similar, já que o alfabeto e os estados possíveis são iguais, modificando apenas as funções de transição: $M = (Q, \Sigma, \delta, q_0, F)$

*Onde:* $Q = \{q_0, q_1\}$, $\Sigma = \{0, 1\}$, $F = \{q_1\}$ *e as funções de transição:*

$\delta(q_0,0) = q_0$ $\delta(q_1,0) = q_0$

$\delta(q_0,1) = q_1$ $\delta(q_1,1) = q_1$

A nova tabela de transição é:

| δ | **0** | **1** |
|---|---|---|
| $q_0$ | $q_0$ | $q_1$ |
| $q_1$ | $q_0$ | $q_1$ |

E a representação em grafos deste novo autômato fica:

**Figura 7: Representação de um Diagrama de estado do autômato finito que reconhece cadeias que terminam com 1**

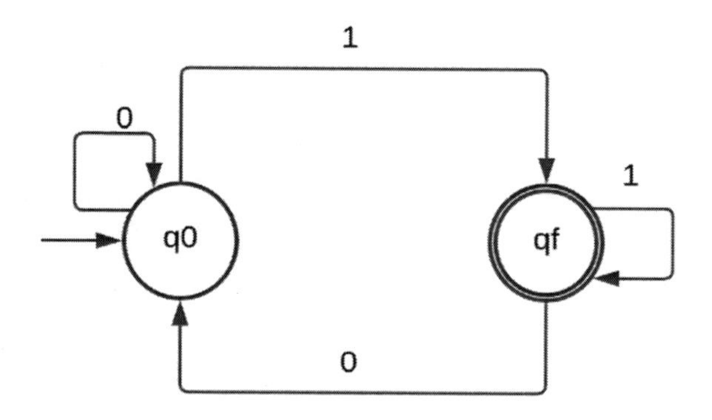


Fonte: Autoria própria

O conjunto das três representações do autômato finito facilitam a compreensão do funcionamento do mesmo, possibilitando verificar quais são as funções de transição e quais os estados envolvidos em cada leitura do símbolo de entrada.

Os autômatos finitos determinísticos podem ser utilizados para verificar linguagens mais simples, assim como padrões existentes nas cadeias analisadas. Por exemplo, um AFD que reconheça uma linguagem onde cada cadeia de entrada possui uma subcadeia 001. Para isto temos:

$M = (Q, \Sigma, \delta, q_0, F)$

*Onde:* $Q = \{q_0, q_1, q_2, q_3\}$, $\Sigma = \{0, 1\}$, $F = \{q_3\}$ *e as funções de transição:*

$\delta(q_0,0) = q_1$ $\delta(q_2,0) = q_2$

$\delta(q_0,1) = q_0$ $\delta(q_2,1) = q_3$

$\delta(q_1,0) = q_2$ $\delta(q_3,0) = q_3$

$\delta(q_1,1) = q_0$ $\delta(q_3,1) = q_3$

A tabela de transição fica assim:

| δ | **0** | **1** |
|---|---|---|
| $\mathbf{q_0}$ | $q_1$ | $q_0$ |
| $\mathbf{q_1}$ | $q_2$ | $q_0$ |
| $\mathbf{q_2}$ | $q_2$ | $q_3$ |
| $\mathbf{q_3}$ | $q_3$ | $q_3$ |

E o diagrama de estados é:

**Figura 8: Diagrama de estado do AFD que reconhece cadeias com subcadeias 001**

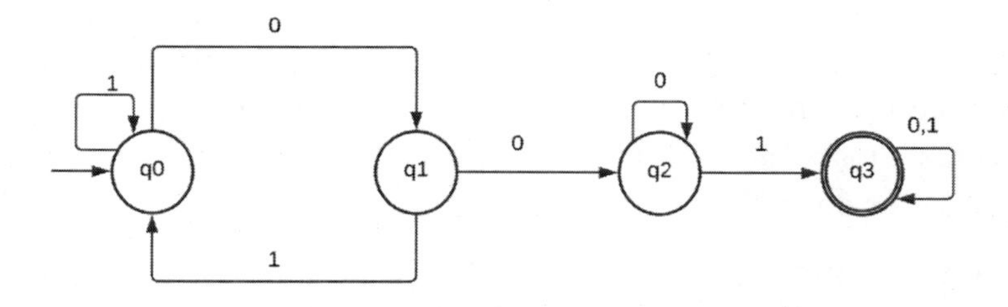


Fonte: Autoria própria

## 3.3.3. Autômato finito não determinístico

Para compreender a diferença entre um autômato finito determinístico e um autômato finito não determinístico é importante compreender o conceito do não determinístico.

Quando falamos em determinístico queremos dizer que quando um autômato recebe uma mesma entrada diversas vezes o seu comportamento será sempre o mesmo e o resultado final também. Todo o processamento para cada tipo de entrada e estado a ser seguido é conhecido.

Já para o autômato não determinístico ao receber várias vezes a mesma entrada o seu comportamento não é conhecido, podendo ser diferente a cada análise.

Na teoria da computação a generalização dos modelos de máquina oriundos do não determinismo é muito importante, pois o funcionamento da máquina não é mais linear, tendo agora escolhas que precisam ser feitas.

Em um autômato determinístico, quando ocorre a leitura de um símbolo existe uma única opção para o próximo estado a ser seguido. Já quando ocorre a mesma situação em um autômato não determinístico, a máquina pode ter várias opções de estados futuros para escolher. A figura 9 apresenta um diagrama de estado de um AFN, onde ao receber o símbolo 1 de entrada o autômato finito tem como opção ir para os estados futuros $q_1$, $q_2$ e $q_3$.

**Figura 9: Exemplo do Diagrama de estado de um AFN**

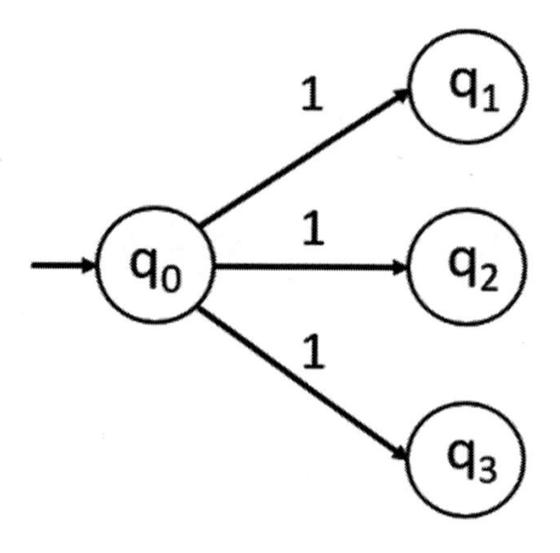


Fonte: Autoria própria

Um autômato finito não determinístico (AFN) possui a mesma definição formal de um AFD, sendo representado pela quíntupla: M = (Q, Σ, δ, $q_0$, F) sendo que as definições sobre Q, Σ, $q_0$ e F são similares ao que foi mostrado anteriormente. O que é diferente entre um AFD e um AFN são as funções de transição, enquanto que para um AFD um estado pode ir somente para outro estado futuro, no AFN podem existir diversas possibilidades de estados futuros.

A definição das funções de transição é:

$\delta\colon Q \, x \, \Sigma \rightarrow 2^K$

Onde $2^K$ representa os subconjuntos de Q. Neste caso o K representa o número de estados existentes no AFN e o $2^K$ apresenta o subconjunto de estados possíveis do AFN.

O AFN atua como se a unidade de controle considerasse de forma independente todas as alternativas.de estados possíveis existentes a partir do estado atual e do símbolo recebido.

Desta forma o processamento de uma escolha não altera no símbolo lido, no estado e na posição do cabeçote dos outros estados alternativos possíveis. Na figura 10 vemos um exemplo de um autômato finito não determinístico.

**Figura 10: Diagrama de estado de um AFN**

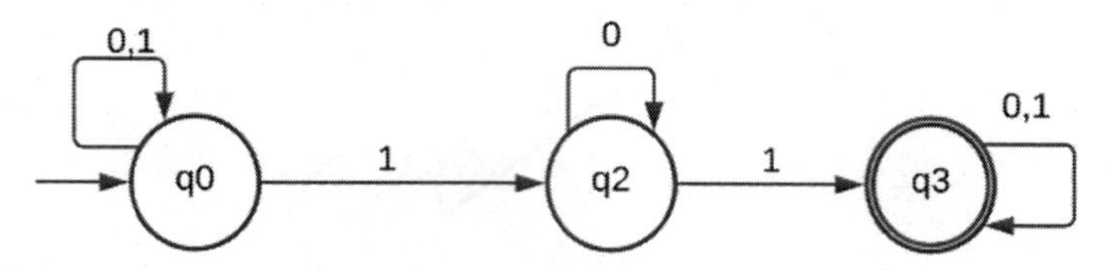


Fonte: Autoria própria

Conforme visto no AFN da figura 10, no estado q0 existem duas possibilidades de estados futuros quando o símbolo lido na fita de entrada é 1. Ou o autômato continua no estado atual ou vai para o estado q2. Esta escolha não segue um padrão, assim uma mesma entrada pode ficar somente no estado q0 e não ser reconhecida, mesmo está sendo uma cadeia aceita pela linguagem.

O AFN também pode ter movimentos vazios, estes seriam movimentos de alteração do estado, de transição, sem a ocorrência de uma leitura de símbolo. Nestas situações em que o AFN permite estes tipos de movimento a função transição deve ser: $\delta$: Q x $\{\Sigma \cup \lambda\} \rightarrow 2^Q$. A representação do símbolo vazio é $\varepsilon$ .

Na figura 11 vemos o mesmo exemplo de AFN, porém com a inclusão do movimento vazio:

**Figura 11: Diagrama de estado de um AFN**

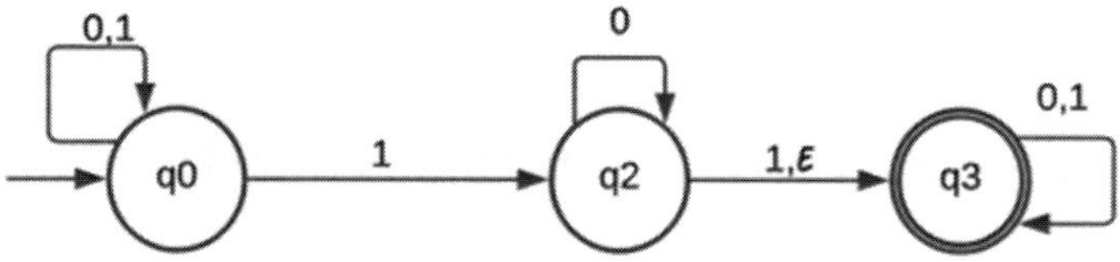

Fonte: Autoria própria

Trabalhar com um AFN é complicado devido a estas possibilidades de mudança de transição e de estado sem que haja um caminho de leitura que possa ser acompanhado. Existe uma necessidade de se converter um AFN em um AFD, e este novo autômato AFD que reconhece a mesma linguagem do AFN deve ser equivalente.

### 3.3.4. Equivalência entre os autômatos AFD e AFN

Todo autômato finito determinístico é um autômato finito não determinístico também assim qualquer AFN pode ser representado por um AFD. Esta representação gera uma equivalência entre os autômatos, pois ambos, AFD e AFN irão reconhecer a mesma linguagem, então sendo M1 um autômato AFN e M2 um autômato AFD, para que sejam equivalentes é preciso que $L(M1) = L(M2)$.

Deve ocorrer uma transformação no AFN de se obter o AFD equivalente. Como a representação formal do AFN difere apenas na função de transição do AFD, onde $2^K$ apresenta o subconjunto de estados possíveis, na equivalência para o AFD cada subconjunto se refere a uma das possibilidades de transição do AFD, então o AFD deve ter $2^K$ estados.

Para compreender como é feito a equivalência entre os autômatos AFN e AFD vamos considerar o seguinte; inicialmente temos um AFN $M1 = (Q, \Sigma, \delta, q_0, F)$ e queremos obter o AFD equivalente $M2 = (Q', \Sigma, \delta', <q_0>, F')$. Devemos fazer as seguintes considerações:

- O vocabulário $\Sigma$ e assim o alfabeto deve ser o mesmo;
- Tendo os estados Q, o Q' equivalente deve ser o conjunto sem repetição de todas as combinações de estado de Q, sendo representadas por $<q_1\ q_2 \ldots\ q_n>$, onde o estado $q_j$ deve pertencer a Q para todo j em que $\{1, 2, \ldots, n\}$;
- Quanto à função de transição $\delta'$, um estado de M2 deve representar todos os estados dos caminhos alternativos de M;
- Devemos ter um estado inicial $<q_0>$;
- Por fim devemos ter F', o conjunto de todos os estados $<q_1 q_2 \ldots q_n>$ que pertencem a Q'.

Para obter o autômato equivalente precisamos então saber qual será o estado inicial, os estados finais de aceitação e a função de transição.

### 3.3.5. Procedimento para obter AFD equivalente

Para se obter um AFD a partir de um AFN podemos considerar o momento inicial da leitura da cadeia de entrada, então deve-se definir o estado inicial <q0> sendo este similar ao estado inicial q0 do AFN.

A partir do <q0> devemos percorrer todo o autômato AFN estado por estado e verificando como é a função de transição para cada símbolo aceito por ele, criando novos estados no AFD quando estes não existirem ainda.

Para exemplificar como deve ser a transformação do AFN para o AFD vamos considerar o AFN apresentado no diagrama de estados na figura 12, onde temos inicialmente $M1 = (Q, \Sigma, \delta, q_0, F)$ e queremos obter o $M2 = (Q', \Sigma, \delta', <q_0>, F')$.

Com relação ao M1 temos:

$\Sigma = \{0; 1\};$

$F = q_0.$

Esta AFN reconhece as cadeias:

$\varepsilon$

*0*

*100*

*110*

*10010*

Ou seja, cadeias vazias ou que terminem em 0.

**Figura 12: AFN original**

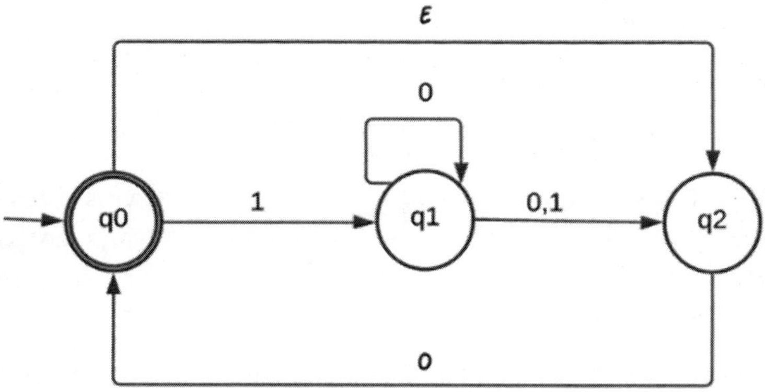

Fonte: Autoria própria

Para se obter um AFD a partir de um AFN podemos considerar o momento inicial da leitura da cadeia de entrada, então deve-se definir o estado inicial <q0> sendo este similar ao estado inicial q0 do AFN. No exemplo o estado inicial é também o estado final.

Para saber a quantidade de estados que o AFD deve ter devemos fazer o seguinte. O AFN possui 3 estados: q0, q1 e q2, então a quantidade de estados do AFD é:

*$M1 = (Q, \Sigma, \delta, q_0, F)$ e queremos obter o $M2 = (Q', \Sigma, \delta', <q_0>, F')$*

$Q' = 2^K$ onde K se refere a quantidade de estados de Q, então Q = 3. Assim temos:

$Q' = 2^K = 2^3 = 8$

Os 8 estados devem ser os estados já existentes e a composição destes estados entre si. Assim temos sempre o estado vazio:

$Q' = \{\Phi, \{q0\}, \{q1\}, \{q2\}, \{q0, q1\}, \{q0, q2\}, \{q1, q2\}, \{q0, q1, q2\}\}$

E o estado inicial é:

$<q_0> = \{q0\}$

Para definir quais serão os estados finais basta verificar quais novos estados contêm o estado final do AFN. No caso o estado final é o próprio estado inicial, então no AFN o q0 identifica também o estado final. Neste caso para o AFD equivalente todo estado que conter o estado q0 será final.

Assim os novos estados finais do AFD serão:

$F' = \{\{q0\}, \{q0, q1\}, \{q0, q2\}, \{q0, q1, q2\}\}$

Após definir os novos estados, o estado inicial e o estado final, é preciso então identificar as funções de transição. Para isto é preciso percorrer cada estado do AFN para cada símbolo possível que exista no vocabulário. No exemplo temos os símbolos ε , 0 e 1.

Uma forma de facilitar a compreensão de como converter o AFN em um AFD é através de uma tabela aonde informamos quais estados são alcançáveis com a entrada de cada símbolo em q0. Assim temos:

| Estados finais | Estados de origem no AFN | | | |
|---|---|---|---|---|
| | Φ | q0 | q1 | q2 |
| Φ | | | | |
| q0 | | ε | | |
| q1 | | | | |
| q2 | | ε | | |

Em paralelo vamos elaborar uma tabela similar para o AFD e seus 8 estados. Como vimos, quando q0 recebe o símbolo ε os estados alcançáveis são q0 e q2, então o estado referente é q0 = {q0, q2}

| Estados finais | Estados no AFD equivalente | | | | | | | |
|---|---|---|---|---|---|---|---|---|
| | Φ | {q0} | {q1} | {q2} | {q0, q1} | {q0, q2} | {q1, q2} | {q0, q1, q2} |
| Φ | | | | | | | | |
| {q0} | | | | | | | | |
| {q1} | | | | | | | | |
| {q2} | | | | | | | | |
| {q0, q1} | | | | | | | | |
| {q0, q2} | | ε | | | | | | |
| {q1, q2} | | | | | | | | |
| {q0, q1, q2} | | | | | | | | |

Assim a representação do estado inicial no AFD será conforme mostrado na figura 13:

Figura 13: AFN original

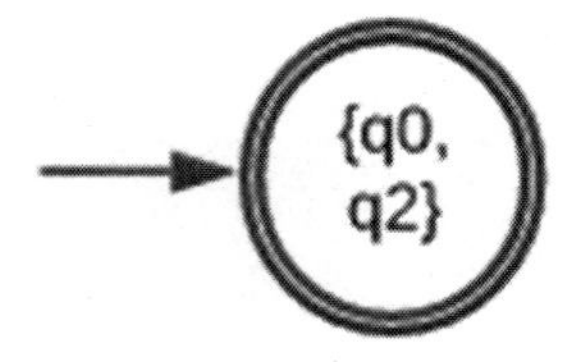


Fonte: Autoria própria

Agora vamos para o próximo símbolo de entrada, o 0. O estado no AFN que é alcançável com a leitura deste símbolo é o Φ. Então atualizamos a tabela de estados do AFN:

| Estados finais | Estados de origem no AFN | | | |
|---|---|---|---|---|
| | Φ | q0 | q1 | q2 |
| Φ | | 0 | | |
| q0 | | ε | | |
| q1 | | | | |
| q2 | | ε | | |

Como ao entrar o símbolo 0 o estado é o vazio, então no autômato AFD este símbolo leva para o estado vazio também.

| Estados finais | Estados no AFD equivalente | | | | | | | |
|---|---|---|---|---|---|---|---|---|
| | Φ | {q0} | {q1} | {q2} | {q0, q1} | {q0, q2} | {q1, q2} | {q0, q1, q2} |
| Φ | | 0 | | | | | | |
| {q0} | | | | | | | | |
| {q1} | | | | | | | | |
| {q2} | | | | | | | | |
| {q0, q1} | | | | | | | | |
| {q0, q2} | | ε | | | | | | |
| {q1, q2} | | | | | | | | |
| {q0, q1, q2} | | | | | | | | |

No estado vazio Φ não leva a nenhum estado futuro, é chamado de estado terminal já que a leitura da entrada leva para este estado, este acaba se tornando a finalização da leitura da cadeia. Deste modo como o símbolo 0 levou para o estado vazio, posso criar um laço fazendo com que novas entradas da fita de 0 ou 1 continuem no mesmo estado. Evoluindo a representação do estado inicial no AFD teremos:

Figura 14: AFD com entradas dos símbolos ε e 0

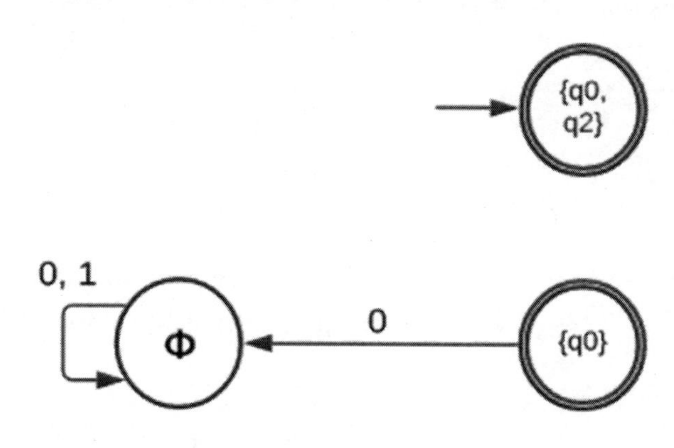


Fonte: Autoria própria

O último símbolo que podemos receber na entrada é o 1. Quando o estado inicial recebe este símbolo direciona para o estado futuro q1. Assim temos:

| Estados finais | Estados de origem no AFN | | | |
|---|---|---|---|---|
| | Φ | q0 | q1 | q2 |
| Φ | | 0 | | |
| q0 | | ε | | |
| q1 | | 1 | | |
| q2 | | ε | | |

Atualizando a tabela do AFD equivalente temos que o símbolo 1 leva para o estado {q1}.

| Estados finais | Estados no AFD equivalente | | | | | | | |
|---|---|---|---|---|---|---|---|---|
| | Φ | {q0} | {q1} | {q2} | {q0, q1} | {q0, q2} | {q1, q2} | {q0, q1, q2} |
| Φ | | 0 | | | | | | |
| {q0} | | | | | | | | |
| {q1} | | 1 | | | | | | |
| {q2} | | | | | | | | |
| {q0, q1} | | | | | | | | |
| {q0, q2} | | ε | | | | | | |
| {q1, q2} | | | | | | | | |
| {q0, q1, q2} | | | | | | | | |

A representação do diagrama de estados fica conforme na figura 15:

**Figura 15: AFD com entradas dos símbolos ε , 0 e 1**

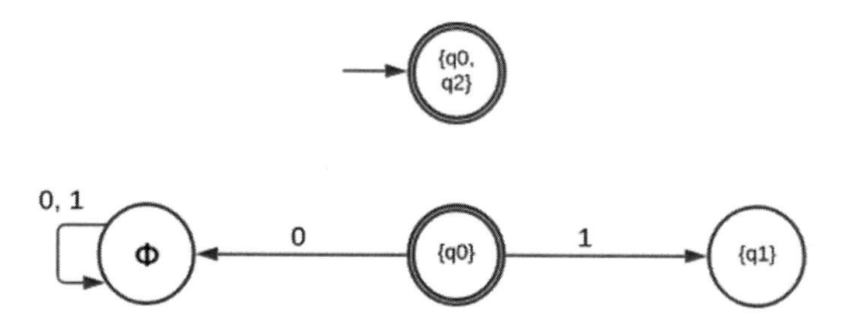


Fonte: Autoria própria

Finalizamos a análise das possibilidades de estados futuros a partir da leitura da entrada de todos os símbolos aceitos pela linguagem. Agora devemos partir para o próximo estado do AFN, que é o estado q1.

Conforme o AFN, estando no estado q1 quando ocorrer a leitura do símbolo 0 podemos ter dois estados futuros possíveis, o estado q1 e o estado q2, por isto o não determinismo na leitura da cadeia de entrada.

A forma de tratar esta situação ao gerar o autômato AFD equivalente é direcionar para um único estado futuro, no caso representado por {q1, q2}. Assim mantemos um caminho único para a leitura de símbolos da cadeia de entrada.

Atualizando as tabelas temos:

| Estados finais | Estados de origem no AFN | | | |
|---|---|---|---|---|
| | Φ | q0 | q1 | q2 |
| Φ | | 0 | | |
| q0 | | ε | | |
| q1 | | 1 | 0 | |
| q2 | | ε | 0 | |

Atualizando a tabela do AFD equivalente temos que o símbolo 1 leva para o estado {q1}.

| Estados finais | Estados no AFD equivalente | | | | | | | |
|---|---|---|---|---|---|---|---|---|
| | Φ | {q0} | {q1} | {q2} | {q0, q1} | {q0, q2} | {q1, q2} | {q0, q1, q2} |
| Φ | | 0 | | | | | | |
| {q0} | | | | | | | | |
| {q1} | | 1 | 1 | | | | | |
| {q2} | | | | | | | | |
| {q0, q1} | | | | | | | | |
| {q0, q2} | | ε | | | | | | |
| {q1, q2} | | | 0 | | | | | |
| {q0, q1, q2} | | | | | | | | |

E adicionamos o estado no AFD equivalente:

**Figura 16: AFD com entrada de 0 no estado {q1}**

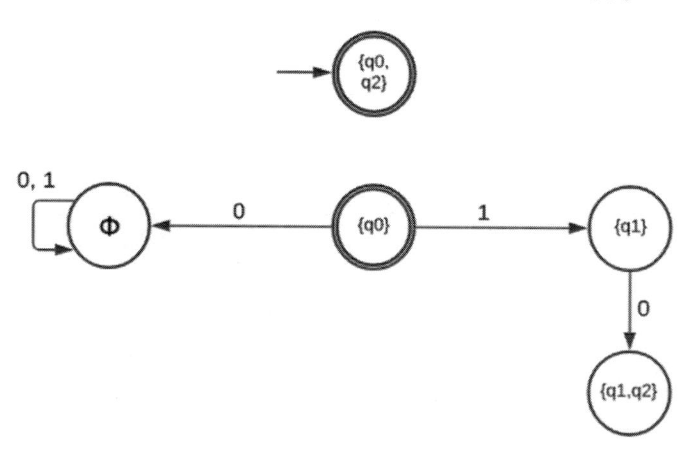


Fonte: Autoria própria

Simulando a entrada do símbolo 1 no estado q1 temos como estado futuro somente o estado {q2}, assim atualizando as tabelas e diagrama de estados temos:

| Estados finais | Estados de origem no AFN | | | |
|---|---|---|---|---|
| | Φ | q0 | q1 | q2 |
| Φ | | 0 | | |
| q0 | | ε | | |
| q1 | | 1 | 0 | |
| q2 | | ε | 0, 1 | |

Atualizando a tabela do AFD equivalente temos que o símbolo 1 leva para o estado {q1}.

| Estados finais | Estados no AFD equivalente | | | | | | | |
|---|---|---|---|---|---|---|---|---|
| | Φ | {q0} | {q1} | {q2} | {q0, q1} | {q0, q2} | {q1, q2} | {q0, q1, q2} |
| Φ | | 0 | | | | | | |
| {q0} | | | | | | | | |
| {q1} | | 1 | 1 | | | | | |
| {q2} | | | 1 | | | | | |
| {q0, q1} | | | | | | | | |
| {q0, q2} | | ε | | | | | | |
| {q1, q2} | | | 0 | | | | | |
| {q0, q1, q2} | | | | | | | | |

E adicionamos o estado no AFD equivalente:

**Figura 17: AFD com entrada de 0 no estado {q1}**

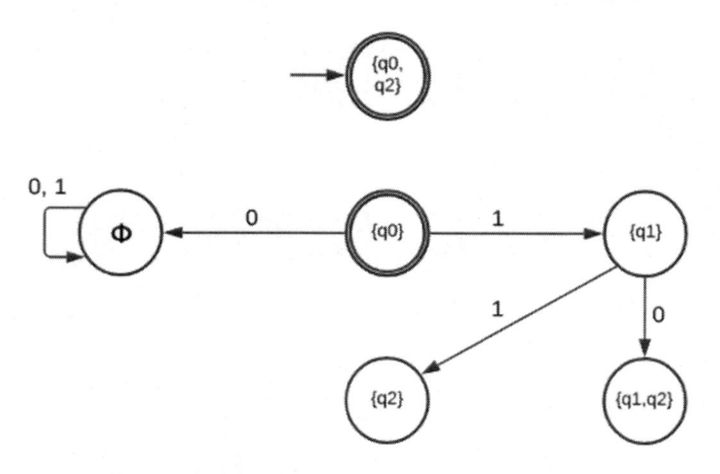


Fonte: Autoria própria

Vamos agora para o estado q2 do AFN e veremos o comportamento quando recebe os símbolos 0 e 1.

Ao receber o símbolo 0, o estado q2 alcança o estado q0, que, conforme visto no começo do desenvolvimento do AFD, se refere ao novo estado {q0, q2} no AFD. Já quando o estado q2 recebe o símbolo 1, no autômato AFN não é considerada esta possibilidade, assim devemos direcionar para o estado vazio. A tabela final do AFN fica então da seguinte forma:

| Estados finais | Estados de origem no AFN | | | |
|---|---|---|---|---|
| | Φ | q0 | q1 | q2 |
| Φ | | 0 | | 1 |
| q0 | | ε | | 0 |
| q1 | | 1 | 0 | |
| q2 | | ε | 0, 1 | |

E a tabela final do AFD equivalente para as entradas no {q2} fica assim:

| Estados finais | Estados no AFD equivalente | | | | | | | |
|---|---|---|---|---|---|---|---|---|
| | Φ | {q0} | {q1} | {q2} | {q0, q1} | {q0, q2} | {q1, q2} | {q0, q1, q2} |
| Φ | | 0 | | 1 | | | | |
| {q0} | | | | | | | | |
| {q1} | | 1 | 1 | | | | | |
| {q2} | | | 1 | | | | | |
| {q0, q1} | | | | | | | | |
| {q0, q2} | | ε | | 0 | | | | |
| {q1, q2} | | | 0 | | | | | |
| {q0, q1, q2} | | | | | | | | |

Adicionando estes estados no AFD temos:

Figura 18: AFD com entradas de 0 e 1 no estado {q2}

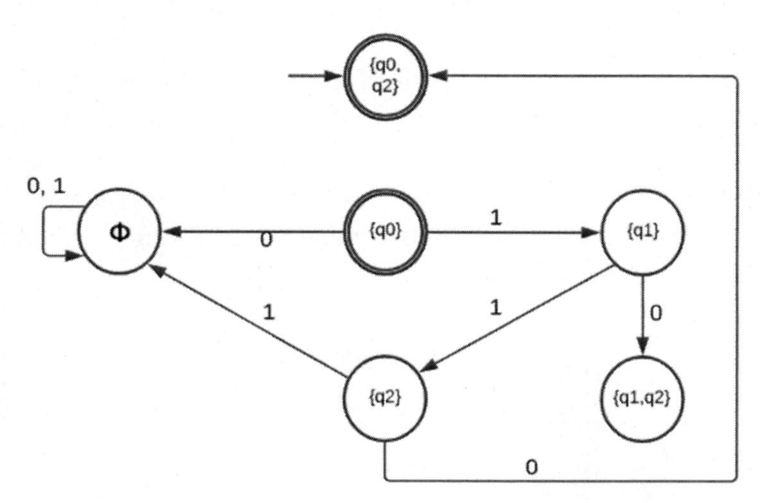


Fonte: Autoria própria

Indo agora para a entrada {q0, q2} a forma de identificar quais são os estados alcançáveis é verificar para cada composição, então no AFN saindo de q0 e saindo de q2 chego em quais estados futuros? As respostas são com 0 só consigo sair de q2 e chegar em q0, já com 1 também só consigo sair de q0 e chegar em q1.

Assim a tabela do AFN não terá mais alterações já que percorremos todas as possibilidades individuais e agora temos somente possibilidades com combinações. Então a tabela AFN final ficou:

| Estados finais | Estados de origem no AFN | | | |
|---|---|---|---|---|
| | Φ | q0 | q1 | q2 |
| Φ | | 0 | | 1 |
| q0 | | ε | | 0 |
| q1 | | 1 | 0 | |
| q2 | | ε | 0, 1 | |

Fazendo as inserções no modelo equivalente AFD temos que considerar a saída pelo estado {q0, q2} e os estados futuros recebendo como entradas 0 indo para {q0, q2} e recebendo 1 indo para {q1}. Assim a tabela do AFD deve ficar:

| Estados finais | Estados no AFD equivalente | | | | | | | |
|---|---|---|---|---|---|---|---|---|
| | Φ | {q0} | {q1} | {q2} | {q0, q1} | {q0, q2} | {q1, q2} | {q0, q1, q2} |
| Φ | | 0 | | 1 | | | | |
| {q0} | | | | | | | | |
| {q1} | | 1 | 1 | | | 1 | | |
| {q2} | | | 1 | | | | | |
| {q0, q1} | | | | | | | | |
| {q0, q2} | | ε | | 0 | | 0 | | |
| {q1, q2} | | | 0 | | | | | |
| {q0, q1, q2} | | | | | | | | |

Adicionando estes estados no AFD temos:

**Figura 19: AFD com entrada no estado {q0, q2}**

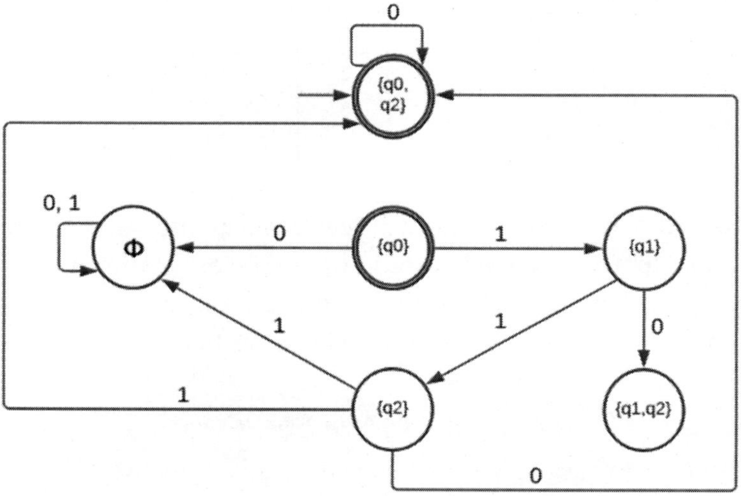

Fonte: Autoria própria

Da mesma forma que atuamos com a entrada em {q0, q2} vamos agora considerar a entrada em {q0, q1}. Neste caso devemos considerar as possibilidades de 0 e 1 entrarem em q0 e q1 no AFN e quais os estados futuros alcançáveis. Temos:

$(q0, 0) \rightarrow \Phi$

$(q1, 0) \rightarrow \{q1, q2\}$

Então como temos q0 e q1, temos também:

$(\{q0, q1\}, 0) \rightarrow \{q1, q2\}$

Agora para entrada 1:

*(q0, 1) → {q1}*

*(q1, 1) → {q2}*

E da mesma forma, temos:

*({q0, q1}, 1) → {q1, q2}*

A tabela do AFD equivalente fica:

| Estados finais | Estados no AFD equivalente | | | | | | | |
|---|---|---|---|---|---|---|---|---|
| | Φ | {q0} | {q1} | {q2} | {q0, q1} | {q0, q2} | {q1, q2} | {q0, q1, q2} |
| Φ | | 0 | | 1 | | | | |
| {q0} | | | | | | | | |
| {q1} | | 1 | 1 | | | 1 | | |
| {q2} | | | 1 | | | | | |
| {q0, q1} | | | | | | | | |
| {q0, q2} | | ε | | 0 | | 0 | | |
| {q1, q2} | | | 0 | | 0,1 | | | |
| {q0, q1, q2} | | | | | | | | |

Adicionando estes estados no AFD temos:

**Figura 20: AFD com entradas de 0 e 1 no estado {q0, q1}**

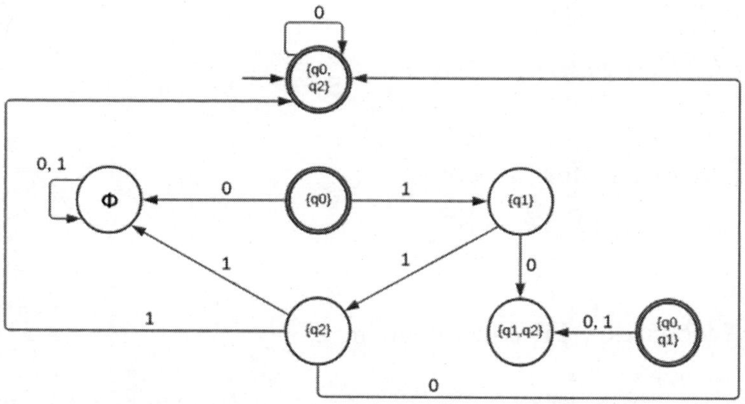

Fonte: Autoria própria

Agora vamos considerar a entrada {q1, q2} recebendo os símbolos 0 e 1. Temos que considerar os estados futuros conforme as entradas no AFN que o compõe:

*(q1, 0) → {q1, q2}*

*(q2, 0) → {q0}*

Então como temos q0 e q1, temos também:

*({q1, q2}, 0) → {q0, q1, q2}*

Agora para entrada 1:

*(q1, 1) → {q2}*

*(q2, 1) →* Φ

E da mesma forma, temos:

*({q1, q2}, 1) → {q2}*

Como temos o estado futuro {q0, q1, q2} e este contém o estado final q0, então o estado {q0, q1, q2} também é estado final. A tabela do AFD equivalente fica:

| Estados finais | Estados no AFD equivalente | | | | | | | |
|---|---|---|---|---|---|---|---|---|
| | Φ | {q0} | {q1} | {q2} | {q0, q1} | {q0, q2} | {q1, q2} | {q0, q1, q2} |
| Φ | | 0 | | 1 | | | | |
| {q0} | | | | | | | | |
| {q1} | | 1 | 1 | | | 1 | | |
| {q2} | | | 1 | | | | 1 | |
| {q0, q1} | | | | | | | | |
| {q0, q2} | | ε | | 0 | | 0 | | |
| {q1, q2} | | | 0 | | 0, 1 | | | |
| {q0, q1, q2} | | | | | | | 0 | |

Adicionando estes estados no AFD temos:

**Figura 21: AFD com entradas de 0 e 1 no estado {q1, q2}**

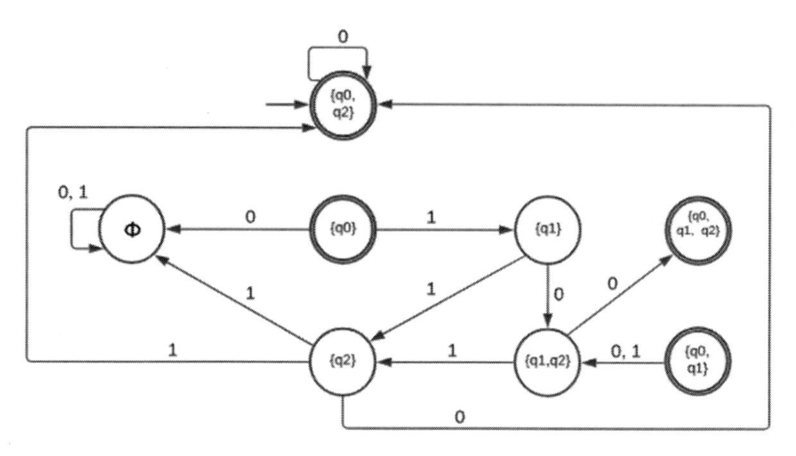


Fonte: Autoria própria

Finalizamos a elaboração do autômato AFD equivalente verificando o estado {q0, q1, q2}. Para isto temos que verificar o comportamento dos três estados q0, q1 e q2, assim:

*(q0, 0) → {q0}*

*(q1, 0) → {q1, q2}*

*(q2, 0) → {q0, q2}*

Então como temos q0 e q1, temos também:

*({q0, q1, q2}, 0) → {q0, q1, q2}*

Agora para entrada 1:

*(q0, 1) → {q1}*

*(q1, 1) → {q2}*

*(q2, 1) → Φ*

E da mesma forma, temos:

*({q0, q1, q2}, 1) → {q1, q2}*

Como temos o estado futuro {q0, q1, q2} e este contém o estado final q0, então o estado {q0, q1, q2} também é estado final. A tabela do AFD equivalente fica:

| Estados finais | Estados no AFD equivalente | | | | | | | |
|---|---|---|---|---|---|---|---|---|
| | Φ | {q0} | {q1} | {q2} | {q0, q1} | {q0, q2} | {q1, q2} | {q0, q1, q2} |
| Φ | | 0 | | 1 | | | | |
| {q0} | | | | | | | | |
| {q1} | | 1 | 1 | | | 1 | | |
| {q2} | | | 1 | | | | 1 | |
| {q0, q1} | | | | | | | | |
| {q0, q2} | | ε | | 0 | | 0 | | |
| {q1, q2} | | | 0 | | 0,1 | | | 1 |
| {q0, q1, q2} | | | | | | | 0 | 0 |

Adicionando estes estados no AFD temos o modelo equivalente finalizado:

**Figura 22: AFD final com entradas de 0 e 1 no estado {q0, q1, q2}**

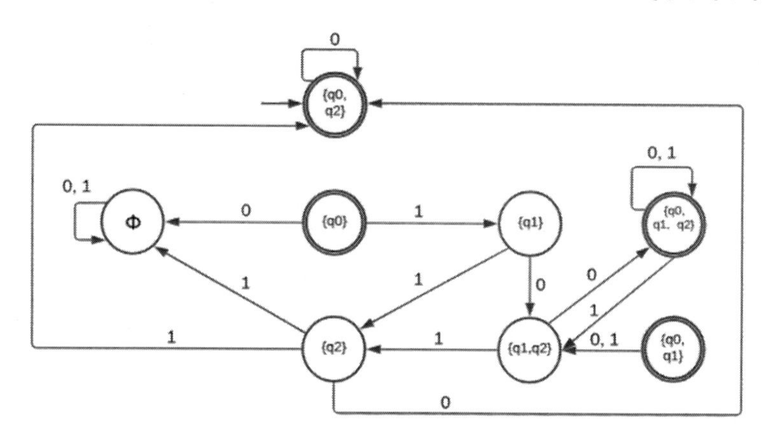


Fonte: Autoria própria

Ao elaborar o modelo equivalente repare que não basta seguir as etapas e o modelo está finalizado. Note que os estados {q0} e {q0, q1} não são atingíveis, ou seja, não possuem nenhum estado anterior que leve para eles. Na tabela todo estado final inatingível não possui nenhum símbolo em sua linha. Então estes dois estados podem ser removidos:

| Estados finais | Estados no AFD equivalente | | | | | | | |
|---|---|---|---|---|---|---|---|---|
| | Φ | {q0} | {q1} | {q2} | {q0, q1} | {q0, q2} | {q1, q2} | {q0, q1, q2} |
| Φ | | 0 | | 1 | | | | |
| {q0} | | | | | | | | |
| {q1} | | 1 | 1 | | | 1 | | |
| {q2} | | | 1 | | | | 1 | |
| {q0, q1} | | | | | | | | |
| {q0, q2} | | ε | | 0 | | 0 | | |
| {q1, q2} | | | 0 | | 0, 1 | | | 1 |
| {q0, q1, q2} | | | | | | | 0 | 0 |

Isto significa que no AFD estes estados não terão nenhuma seta entrando nele, somente saindo. A representação do AFD sem estes dois estados é visto na figura 23:

**Figura 23: AFD final com entradas de 0 e 1 no estado {q0, q1, q2}**

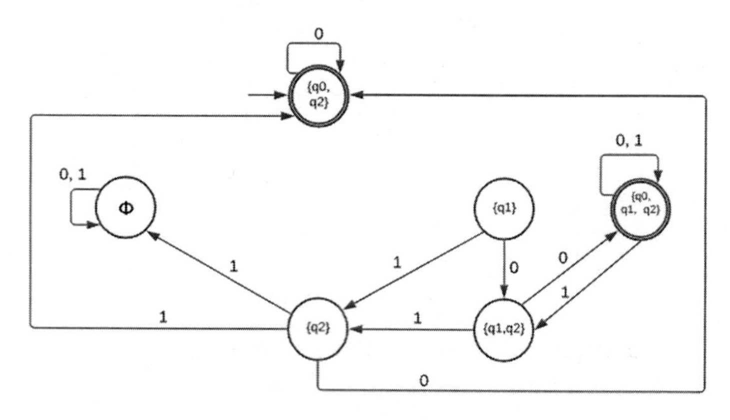


Fonte: Autoria própria

### 3.3.6. Redução de estados de um autômato finito

Quando elaboramos um autômato finito, o número de estados existentes pode ser muito maior do que o necessário. Em muitos casos é possível minimizar a quantidade de estados existentes no autômato simplificando assim o diagrama de estados.

Um dos principais motivos para se minimizar um autômato é diminuir a sua complexidade, garantindo seu funcionamento no reconhecimento da linguagem.

Para que esta redução do número de estados ocorra é preciso que o autômato seja um Autômato Finito Determinístico (AFD) que reconheça linguagens regulares, assim tendo um M1 = (Q, $\Sigma$, $\delta$, $q_0$, F) original de onde obtemos um autômato mínimo M2 = (Q', $\Sigma$', $\delta$', $q_0$, F') onde L = L(M) e L = L(M') e a quantidade de Q' deve ser menor ou igual à quantidade de Q.

Na figura 24 vemos um exemplo de um autômato que reconhece a linguagem e seu autômato mínimo equivalente.

Figura 24: Exemplo de AFD e seu AFD mínimo equivalente

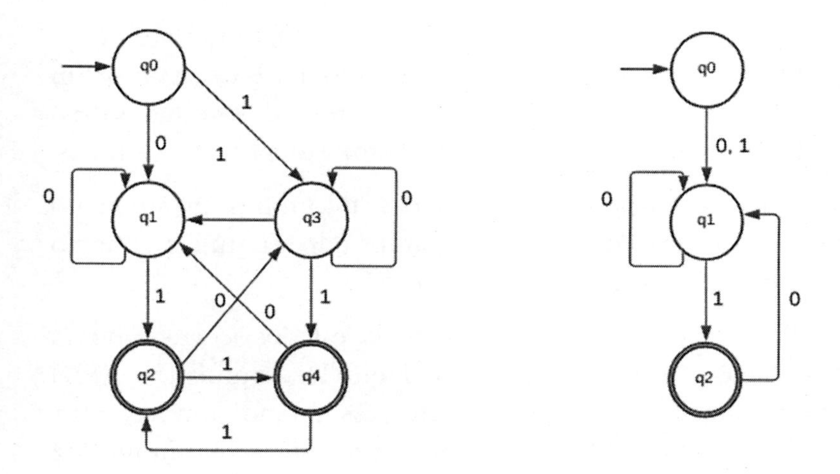


Fonte: Autoria própria

É preciso que o autômato seja determinístico (AFD) para que seja possível reduzir a quantidade de estados. Caso seja um autômato finito não determinístico, é preciso gerar o AFD equivalente para que a quantidade de estados seja reduzida.

Outro ponto é que todos os estados do autômato sejam alcançáveis, ou seja, todos os estados futuros possuem um estado inicial ao menos que direcionem para ele, conforme o símbolo lido. Caso exista algum estado inalcançável, então é preciso removê-lo antes de fazer a redução dos estados. Na figura 25 vemos um exemplo onde q1 não é um estado alcançável, pois não possui um estado anterior que leve para ele:

Figura 25: Exemplo de AFD com estado q1 inalcançável

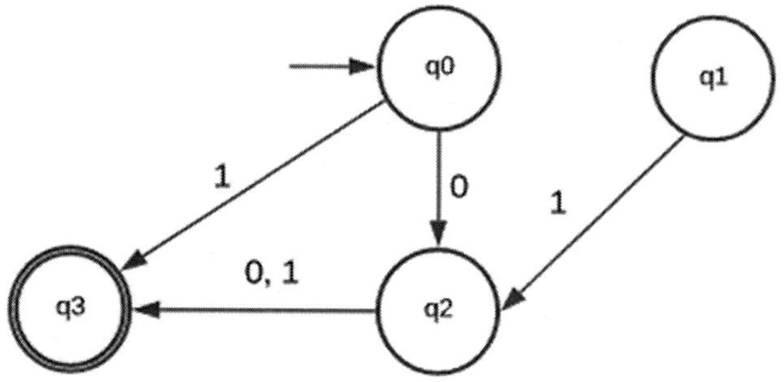

Fonte: Autoria própria

Também é preciso agrupar os estados que são equivalentes, ou seja, cuja função de transição leve para o mesmo estado futuro.

Por fim, é preciso que a função de transição considere todos os símbolos do alfabeto para qualquer estado existente no autômato. Para atender a esta necessidade basta adicionar um estado não final e adicionar as funções de transação que não existiam.

### 3.3.7. Procedimento para obter o AFD mínimo

As etapas necessárias para se obter o AFD minimizado são as seguintes:

- Identificar e remover os estados inacessíveis;
- Identificar e agrupar os pares de estados que sejam equivalentes entre si;
- Criar um novo AFD com quantidade de estados reduzidos;
- Definir quais são os novos estados que se referem as classes de equivalências do AFD original;
- Definir as novas funções de transição.

Vamos exemplificar a aplicação da redução de autômatos com o exemplo apresentado na figura 26:

**Figura 26: Exemplo de AFD**

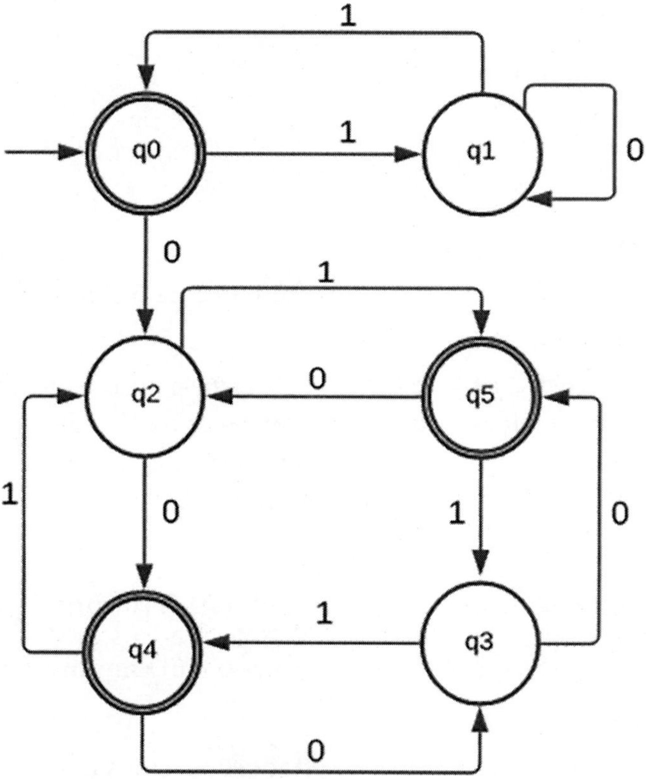

Fonte: Autoria própria

Para isto temos a tabela com os seguintes estados e símbolos de entrada:

| | 0 | 1 | Grupo |
|---|---|---|---|
| q0 | | | |
| q1 | | | |
| q2 | | | |
| q3 | | | |
| q4 | | | |
| q5 | | | |

Vamos realizar o mesmo procedimento anteriormente visto, iniciando com a criação de dois grupos, os que alcançam o estado final e os que não alcançam. Teremos então o Grupo 1 (G1) dos que alcançam os estados finais e o outro Grupo 2 (G2).

*G1 = {q0, q4, q5}*

*G2 = {q1, q2, q3}*

Temos o seguinte, para isto, por exemplo, do estado q0 quando recebe o símbolo 0 vai para q2, que faz parte do grupo G2, já estando em q0 e recebendo o símbolo 1 vamos para q1, que também faz parte do grupo G2, assim fazendo para todos os estados temos uma tabela com os seguintes valores:

| | 0 | 1 | Grupo |
|---|---|---|---|
| q0 | G2 | G2 | |
| q1 | G2 | G1 | |
| q2 | G1 | G1 | |
| q3 | G1 | G1 | |
| q4 | G2 | G2 | |
| q5 | G2 | G2 | |

Devemos agora dividir estes estados nos seus grupos equivalentes. Neste caso temos as seguintes situações:

- Os estados finais q0, q4 e q5 possuem o mesmo comportamento para 0 e 1;

- Os estados q2 e q3 possuem também os mesmos comportamentos entre si e não são estados finais;
- O estado q1 possui um comportamento único, não tendo outros estados equivalentes.

Com isto identificamos três grupos:

*G1 = {q0, q4, q5}*

*G2 = {q2, q3}*

*G3 = {q1}*

Atualizando a coluna Grupo na tabela temos:

| | 0 | 1 | Grupo |
|---|---|---|---|
| q0 | G2 | G2 | G1 |
| q1 | G2 | G1 | G3 |
| q2 | G1 | G1 | G2 |
| q3 | G1 | G1 | G2 |
| q4 | G2 | G2 | G1 |
| q5 | G2 | G2 | G1 |

Podemos criar um autômato intermediário para facilitar a compreensão. Neste caso nosso autômato terá três estados: G1 = {q0, q4, q5}, G2 = {q2, q3} e G3 = {q1}. A figura 27 apresenta esta representação através da coloração dos estados conforme o grupo. Onde o G1 é cinza, o G2 é branco e o G3 é preto.

Figura 27: Autômato intermediário para redução

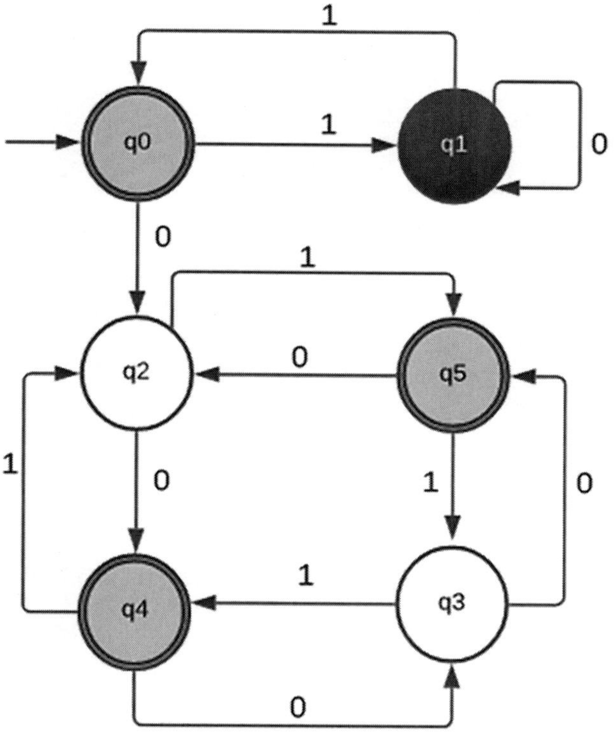

Fonte: Autoria própria

Sendo os novos estados G1 = {q0, q4, q5}, G2 = {q2, q3} e G3 = {q1} para verificar quais são os novos estados devemos manter a verificação pelo estado original, q0, q1, q2, q3, q4 e q5, porém o estado futuro será G1, G2 ou G3.

Por exemplo, estado em q0 e lendo 0 o estado futuro é q2, que está no grupo G2, então temos:

| | 0 | 1 | Grupo |
|---|---|---|---|
| q0 | G2 | | |
| q1 | | | |
| q2 | | | |
| q3 | | | |
| q4 | | | |
| q5 | | | |

Agora estando em q0 e recebendo 1 o novo estado é q1, que está no grupo G3, então atualizando a tabela temos:

| | 0 | 1 | Grupo |
|---|---|---|---|
| q0 | G2 | G3 | |
| q1 | | | |
| q2 | | | |
| q3 | | | |
| q4 | | | |
| q5 | | | |

Fazendo isto para os demais estados e entradas temos:

| | 0 | 1 | Grupo |
|---|---|---|---|
| q0 | G2 | G3 | |
| q1 | G3 | G1 | |
| q2 | G1 | G1 | |
| q3 | G1 | G1 | |
| q4 | G2 | G2 | |
| q5 | G2 | G2 | |

Agora devemos novamente identificar os novos grupos conforme a similaridade. Nisto conseguimos identificar o seguinte, que q0 é um novo grupo tendo um comportamento sem igualdade pelos outros estados. Assim fazendo para os demais identificamos quatro grupos:

$G1 = \{q0\}$

$G2 = \{q1\}$

$G3 = \{q2, q3\}$

$G4 = \{q4, q5\}$

Atualizando a coluna Grupo na tabela temos:

| | 0 | 1 | Grupo |
|---|---|---|---|
| q0 | G2 | G3 | G1 |
| q1 | G3 | G1 | G2 |
| q2 | G1 | G1 | G3 |
| q3 | G1 | G1 | G3 |
| q4 | G2 | G2 | G4 |
| q5 | G2 | G2 | G4 |

Atualizando a coloração dos estados na figura do autômato temos o resultado representado na figura 28:

**Figura 28: Autômato intermediário para redução com quatro grupos**

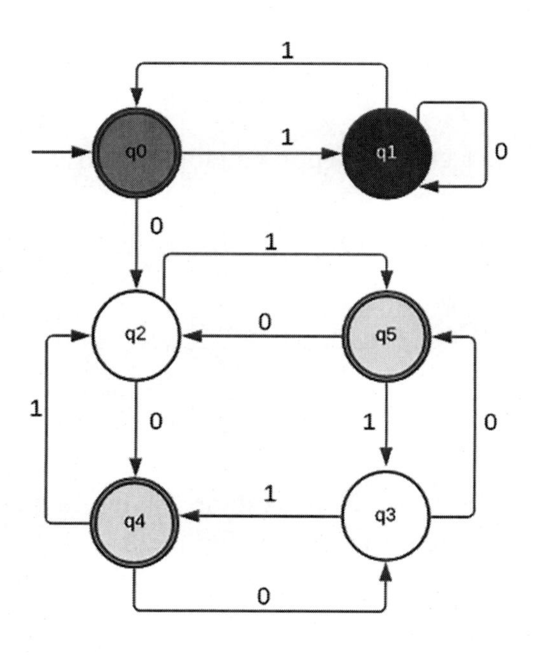


Fonte: Autoria própria

Devemos ficar refazendo estes procedimentos até que a tabela de equivalência de grupos não tenha mais nenhuma alteração. Vamos então fazer o procedimento para o estado q0. Neste estado recebendo o símbolo 0 vamos para q2, que é o grupo 3, atualizamos a nossa tabela:

| | 0 | 1 | Grupo |
|---|---|---|---|
| q0 | G3 | | |
| q1 | | | |
| q2 | | | |
| q3 | | | |
| q4 | | | |
| q5 | | | |

No estado q0 lendo o símbolo 1 vamos para o estado futuro G2:

| | 0 | 1 | Grupo |
|---|---|---|---|
| q0 | G3 | G2 | |
| q1 | | | |
| q2 | | | |
| q3 | | | |
| q4 | | | |
| q5 | | | |

Fazendo para os demais estados temos o resultado final:

| | 0 | 1 | Grupo |
|---|---|---|---|
| q0 | G3 | G2 | |
| q1 | G2 | G1 | |
| q2 | G4 | G4 | |
| q3 | G4 | G4 | |
| q4 | G3 | G3 | |
| q5 | G3 | G3 | |

E a tabela com os novos grupos similares fica:

| | 0 | 1 | Grupo |
|---|---|---|---|
| q0 | G3 | G2 | G1 |
| q1 | G2 | G1 | G2 |
| q2 | G4 | G4 | G3 |
| q3 | G4 | G4 | G3 |
| q4 | G3 | G3 | G4 |
| q5 | G3 | G3 | G4 |

Repare que apesar de os nomes dos grupos serem distintos para os símbolos lidos 0 ou 1, na coluna Grupo obtivemos a mesma sequência de grupos conforme a tabela anterior:

| | 0 | 1 | Grupo |
|---|---|---|---|
| q0 | G2 | G3 | G1 |
| q1 | G3 | G1 | G2 |
| q2 | G1 | G1 | G3 |
| q3 | G1 | G1 | G3 |
| q4 | G2 | G2 | G4 |
| q5 | G2 | G2 | G4 |

| | 0 | 1 | Grupo |
|---|---|---|---|
| q0 | G3 | G2 | G1 |
| q1 | G2 | G1 | G2 |
| q2 | G4 | G4 | G3 |
| q3 | G4 | G4 | G3 |
| q4 | G3 | G3 | G4 |
| q5 | G3 | G3 | G4 |

Ou seja, chegamos na composição final da nossa tabela de equivalência. Agora devemos gerar o nosso AFD reduzido utilizando estes grupos. Para isto devemos considerar cada grupo como um estado do autômato. Na figura 29 vemos os novos estados que teremos:

**Figura 29: Novos estados do autômato reduzido**

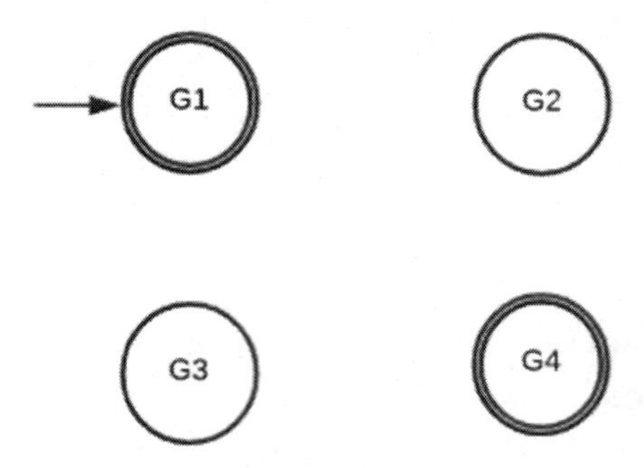


Fonte: Autoria própria

Utilizamos então a tabela de equivalência para identificar as novas mudanças de estado. Assim obtemos o novo diagrama com o autômato finito determinístico reduzido. O resultado final é visto na figura 30:

**Figura 30: AFD reduzido**

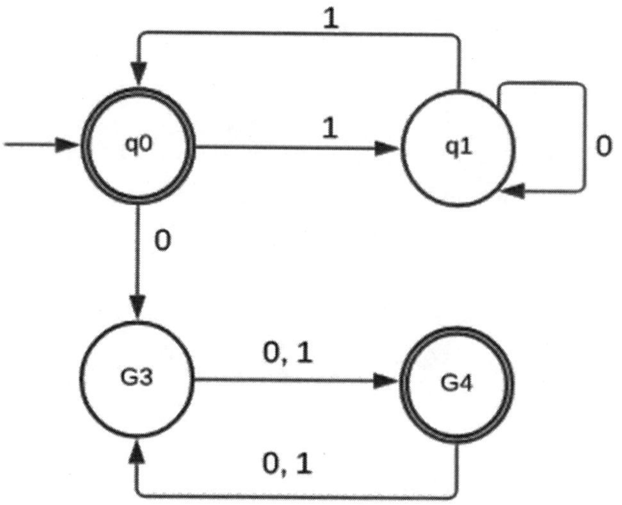

Fonte: Autoria própria

Vamos verificar o procedimento de redução com outro autômato finito determinístico. Vamos considerar o AFD existente na figura 31.

Figura 31: Exemplo de AFD para redução

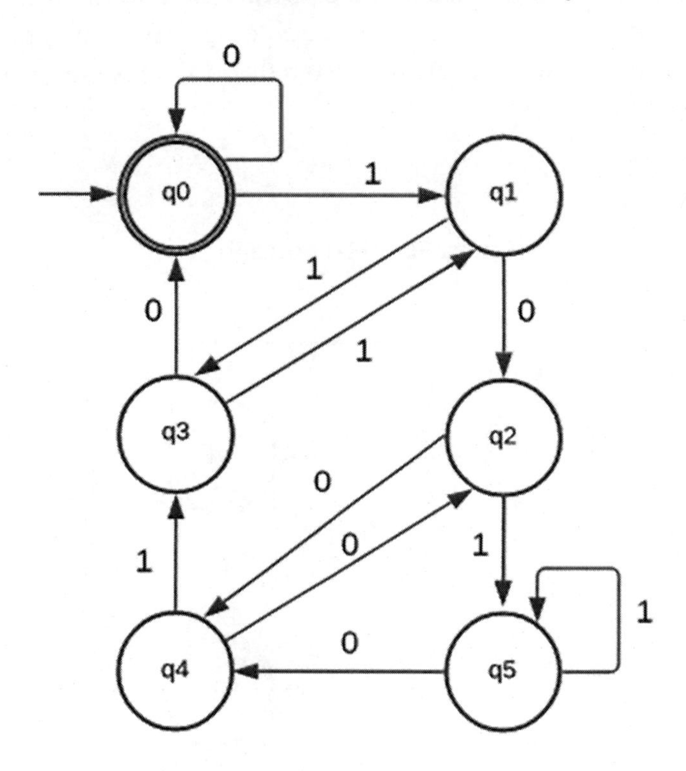


Fonte: Autoria própria

Seguindo os mesmos passos vistos no exemplo anterior, devemos criar uma tabela de equivalência contendo os estados e os símbolos recebidos:

| | 0 | 1 | Grupo |
|---|---|---|---|
| q0 | | | |
| q1 | | | |
| q2 | | | |
| q3 | | | |
| q4 | | | |
| q5 | | | |

Nesta tabela iremos percorrendo o diagrama de estados e ajustando os grupos conformem estes forem surgindo. Inicialmente vamos começar criando dois grupos equivalentes, os que alcançam o estado final e os que não alcançam. Temos então o Grupo 1 (G1) dos que alcançam os estados finais e o outro Grupo 2 (G2).

*G1 = {q0}*

*G2 = {q1, q2, q3, q4, q5}*

O preenchimento ocorre da seguinte forma, por exemplo, estando no estado atual q0 e recebendo o símbolo 0 o novo estado é q0, que faz parte do grupo G1. Preenchemos a tabela assim:

| | 0 | 1 | Grupo |
|---|---|---|---|
| q0 | G1 | | |
| q1 | | | |
| q2 | | | |
| q3 | | | |
| q4 | | | |
| q5 | | | |

Agora, temos que percorrer todos os símbolos possíveis que podem ser lidos na entrada. Continuando então no estado q0 e recebendo o símbolo 1, com isto a entrada nova é q1, que faz parte do grupo G2. Preenchemos a tabela da seguinte forma:

| | 0 | 1 | Grupo |
|---|---|---|---|
| q0 | G1 | G2 | |
| q1 | | | |
| q2 | | | |
| q3 | | | |
| q4 | | | |
| q5 | | | |

E realizamos este mesmo procedimento para todos os demais estados do autômato, resultando em:

| | 0 | 1 | Grupo |
|---|---|---|---|
| q0 | G1 | G2 | |
| q1 | G2 | G2 | |
| q2 | G2 | G2 | |
| q3 | G1 | G2 | |
| q4 | G2 | G2 | |
| q5 | G2 | G2 | |

Dividimos estes estados nos seus grupos equivalentes, para isto verificamos os quais possuem similaridade. Assim q0 é o grupo que possui o estado final, o estado q3 possui os mesmos grupos para 0 e 1, porém não é estado final, e os demais estados possuem os mesmos grupos tanto para 0 quanto para 1. Então, são 3 grupos equivalentes para todos os símbolos de entrada e sendo estado final ou não:

*G1 = {q0}*

*G2 = {q1, q2, q4, q5}*

*G3 = {q3}*

Atualizando a tabela temos agora a informação referente ao Grupo:

| | 0 | 1 | Grupo |
|---|---|---|---|
| q0 | G1 | G2 | G1 |
| q1 | G2 | G2 | G2 |
| q2 | G2 | G2 | G2 |
| q3 | G1 | G2 | G3 |
| q4 | G2 | G2 | G2 |
| q5 | G2 | G2 | G2 |

Com estes três grupos, devemos realizar novamente o mesmo procedimento, assim para cada estado verificar com cada símbolo qual o estado futuro alcançável. O resultado é:

| | 0 | 1 | Grupo |
|---|---|---|---|
| q0 | G1 | G2 | |
| q1 | G2 | G3 | |
| q2 | G2 | G2 | |
| q3 | G1 | G2 | |
| q4 | G2 | G3 | |
| q5 | G2 | G2 | |

Atualizando agora os grupos equivalentes, temos:

| | 0 | 1 | Grupo |
|---|---|---|---|
| q0 | G1 | G2 | G1 |
| q1 | G2 | G3 | G2 |
| q2 | G2 | G2 | G4 |
| q3 | G1 | G2 | G3 |
| q4 | G2 | G3 | G2 |
| q5 | G2 | G2 | G4 |

São 4 grupos agora:

*G1 = {q0}*

*G2 = {q1, q4}*

*G3 = {q3}*

*G4 = {q2, q5}*

Com estes quatro grupos fazemos novamente o procedimento para verificar o estado futuro alcançável. Este procedimento deve ser realizado até que ocorram mudanças na tabela de grupos equivalentes. No exemplo não ocorrem mais mudanças, então a tabela final dos grupos equivalentes é:

| | 0 | 1 | Grupo |
|---|---|---|---|
| q0 | G1 | G2 | G1 |
| q1 | G2 | G3 | G2 |
| q2 | G2 | G2 | G4 |
| q3 | G1 | G2 | G3 |
| q4 | G2 | G3 | G2 |
| q5 | G2 | G2 | G4 |

A próxima etapa para obter o AFD reduzido é a seguinte, devemos considerar cada grupo como um novo estado do autômato, assim tendo:

Figura 32: Exemplo de AFD

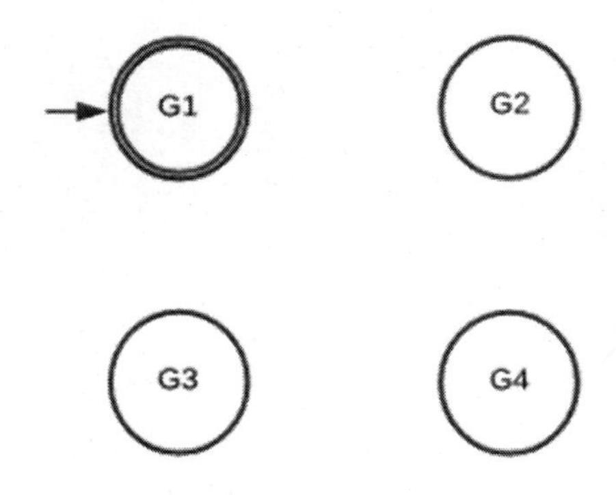


Fonte: Autoria própria

Então basta seguir a tabela e preencher este novo diagrama de estados para cada símbolo. O resultado final é visto na figura 33:

Figura 33: Exemplo de AFD

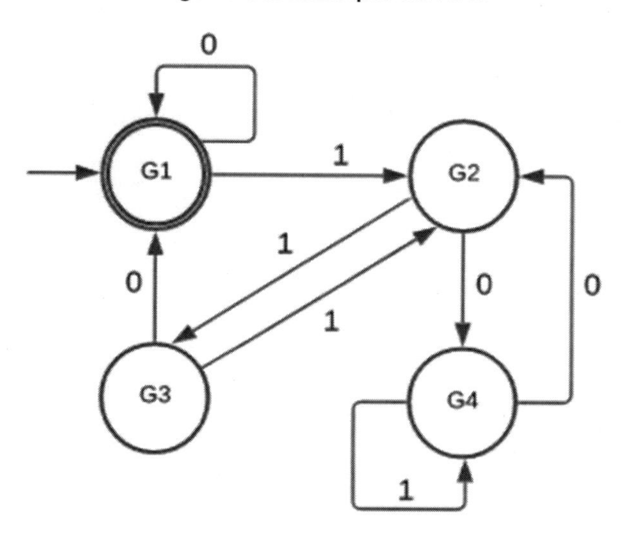


Fonte: Autoria própria

Obtemos assim o AFD reduzido. Observe que foram subtraídos 2 estados, deixando mais simples de compreender o funcionamento do autômato.

## 3.4. CONCLUSÕES

As linguagens regulares são um importante conceito relacionados com a teoria dos autômatos, principalmente por estarem associadas com o desenvolvimento de autômatos capazes de reconhecer as cadeias obtidas através de suas gramáticas.

Os autômatos finitos determinísticos permitem compreender como é o funcionamento computacional para identificar determinados padrões. A sua relevância na compreensão do funcionamento dos operadores, verificando quais devem ser os estados futuros conforme cada entrada obtida torna mais fácil compreender como as máquinas mais complexas operam.

No próximo capítulo veremos outra forma de trabalhar com as linguagens, através das expressões e as gramáticas regulares.

# 4. EXPRESSÕES E GRAMÁTICAS REGULARES

Através do uso dos autômatos finitos, é possível trabalhar com as linguagens regulares. Porém existem outras formas para se trabalhar com as gramáticas regulares.

Neste capítulo veremos o que são as expressões regulares, como trabalhar com os autômatos e estas expressões finalizando com as gramáticas regulares.

## 4.1. DEFINIÇÃO DE EXPRESSÕES REGULARES

Uma expressão regular é um modo de representar os conjuntos regulares, apresentando o formato mais adequado que uma cadeia de caracteres deve ter para ser reconhecida pela da Linguagem.

O uso de expressões regulares ocorre na elaboração de compiladores, ou sistemas operacionais, sendo que todas as linguagens regulares podem ser expressas através de expressões regulares.

Assim:

*ER = Expressão Regular*

*L(ER) = Linguagem da Expressão Regular*

Através do uso das expressões regulares pode-se definir como são geradas as palavras de uma linguagem. Por exemplo, considerando o alfabeto $\Sigma$, um conjunto vazio ($\phi$) é uma Expressão regular que representa a Linguagem vazia $L(\phi) = \{\phi\}$.

Da mesma forma posso ter qualquer símbolo (σ) que pertença ao Σ sendo uma Expressão regular representando a Linguagem que contém somente a palavra unitária σ: L(σ ) = {σ }.

Já as cadeias vazias ε representam as linguagens L(ε ) = {ε}, ou seja, linguagens que reconheçam somente símbolos ε .

A expressão regular possui operações principais de concatenação, união e concatenação sucessiva, que são aplicadas em um conjunto básico, onde a operação de concatenação (.) precede a operação de união (+).

A relação da linguagem com as expressões regulares pode ser apresentada da seguinte forma, sejam as expressões regulares u e v que expressão as linguagens U e V, assim temos:

$L(u + v) = L( u ) \cup L( v )$

$L( u . v ) = L( u ) . L( v )$

$L(( u )) = L( u )$

A concatenação sucessiva é representada pelo *, onde (u*) representa a linguagem U*.

As expressões regulares devem respeitar determinadas leis algébricas, que são as seguintes, considerando T, U, V três expressões regulares:

- **Associatividade**:
  - » Concatenação: (T . U) . V = T . (U . V)
  - » União: (T + U) + V = T + (U + V)
- **Comutatividade**:
  - » União: T + U = U + T

- **Concatenação sobre a união:**
  - » T (U + V) = T.U + T.V
  - » (T + U) V = T.V + U.V
- **Elemento neutro:**
  - » Concatenação: Φ . T = T . Φ = T
  - » União: T + Φ = Φ + T = T

Considerando um alfabeto Σ = {0, 1}, podemos exemplificar as expressões regulares da seguinte forma:

- *Expressão regular que reconhece somente a cadeia 11: 11*
- *Expressão regular que reconhece todas as cadeias do alfabeto: (0 + 1)**
- *Expressão regular que reconhece cadeias que contêm 2 símbolos 1: 0*10*10**

Onde cada expressão acima representa uma linguagem regular que reconhece somente as cadeias 11, ou todas as cadeias que possuem exatamente dois símbolos 1, independente da posição.

### 4.1.1. Convertendo Expressão Regular em Autômato Finito

Como as expressões regulares representam as linguagens regulares, então é possível converter uma expressão regular em um autômato finito não determinístico. Temos um AFN, pois a expressão regular reconhece o símbolo vazio ε, então podemos ter mudanças de estados sem que ocorra a leitura de um símbolo.

A forma de conversão é simples, pois são poucos os operadores existentes nas expressões regulares, podendo assim fazer uma tabela de conversão, onde os símbolos devem ser substituídos na conversão. Na tabela a seguir vemos as representações principais. No caso vamos utilizar como exemplo a expressão regular: 0*(00 + 11)

**Figura 1: Tabela comparativa entre expressão regular e AFN**

| Expressão regular | AFN |
|---|---|
| 0 | 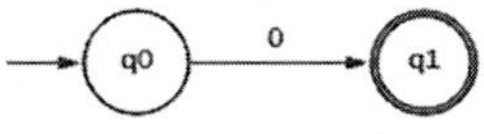 |
| 1 | 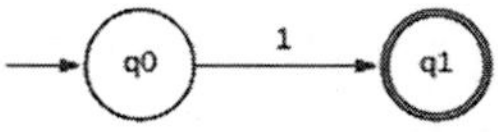 |
| 0* | 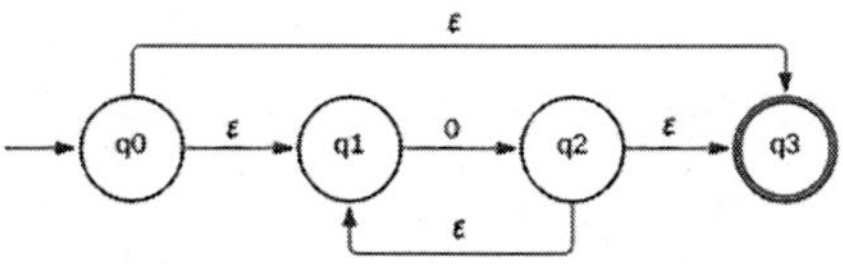 |
| 00 | 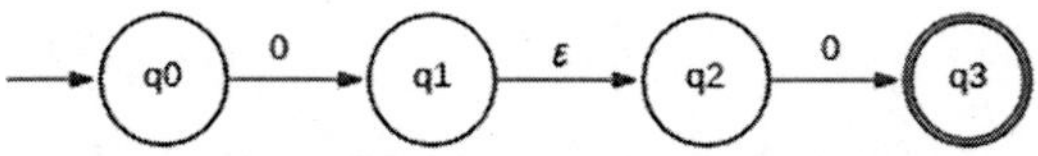 |
| 11 | 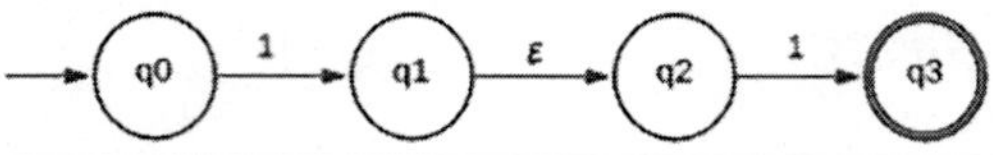 |
| 00 + 11 | 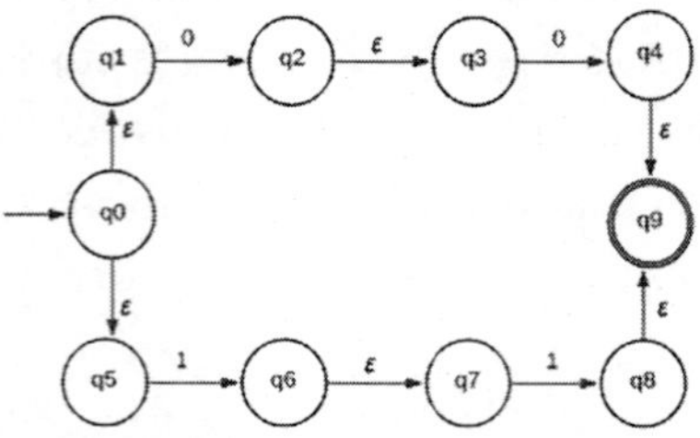 |

Fonte: Autoria própria

Usando estas representações, a expressão regular: 0*(00 + 11) pode ser representada pelo AFN visto na figura 2:

**Figura 2: Exemplo de AFD**

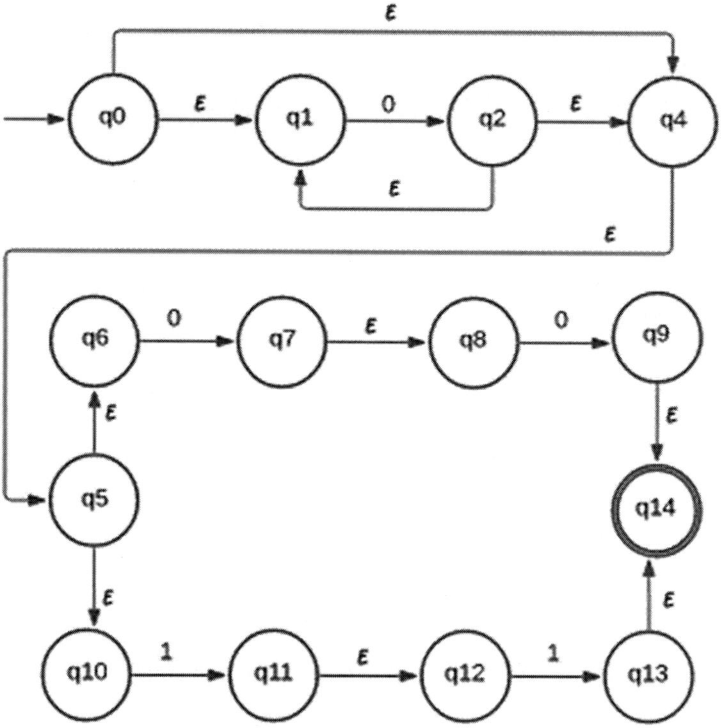

Fonte: Autoria própria

Este procedimento é aplicado em todas as conversões de uma expressão regular para um autômato finito, desta forma permitindo que as demais características dos autômatos, como a equivalência entre um AFN e um AFD e a redução de estados também sejam aplicadas.

## 4.2. GRAMÁTICA REGULAR

Vimos no capítulo anterior as características e propriedades da gramática regular, tendo visto que uma linguagem regular reconhece as cadeias geradas por uma gramática regular, então considerando isto, é possível representar uma gramática regular através de um autômato finito não determinístico.

Na gramática regular temos as regras de produção, que apresentam como é o comportamento da gramática conforme os símbolos que devem compor as cadeias. Estas regras de produção devem ser transformadas nas funções de transição para que seja possível gerar o autômato referente.

### 4.2.1. Obtendo um AFN a partir de uma gramática regular

As regras de produção detonam como é o comportamento de uma gramática perante um vocabulário. Apresentando de uma forma objetiva todas as regras necessárias para gerar todas as possibilidades de cadeias produzidas pela gramática.

O autômato representa uma linguagem que deve reconhecer todas as cadeias pertencentes a uma gramática, ou seja, que possam ser geradas pela gramática. Desta forma adaptando as regras de produção para as funções de transição obtemos o AFN.

Vamos exemplificar como é a conversão através do seguinte exemplo:

Tendo a gramática G = (V, Σ, P, S) onde:

$V = \{S, A, B\}$

$\Sigma = \{0,1\}$

$P: \; S \rightarrow 0A$

$A \rightarrow 1B \mid \lambda$

$B \rightarrow 0A$

Queremos obter o autômato finito M que deve reconhecer as cadeias produzidas por G, assim M = (Q, Σ, δ, $q_0$, F) onde:

$Q = \{S, A, B, q_f\}$

$\Sigma = \{0,1\}$

$q0 = S$

$F = \{q_f\}$

A definição para a função de transição δ deve considerar cada regra de produção, assim temos quatro regras, pois quando temos | devemos considerar individualmente cada ocorrência:

$S \rightarrow 0A,\ A \rightarrow 1B,\ A \rightarrow \lambda,\ \ B \rightarrow 0A$

Repare que cada regra de transição considera um símbolo no lado esquerdo, ou 0 ou 1, este símbolo deve ser o símbolo lido pelo autômato para dar prosseguimento na leitura da fita de entrada, assim para S → 0A o estado inicial é o do lado esquerdo da seta: S, o símbolo lido é o 0 e o estado futuro deve ser A, então na conversão da regra para a função de transição temos:

$S \rightarrow 0A \;\; => \;\; \delta(S, 0) = A$

Elaboramos uma tabela com a conversão entre as regras e as funções convertidas:

| Produção | Transição Gerada |
|---|---|
| $S \rightarrow 0A$ | $\delta(S, 0) = A$ |
| $A \rightarrow 1B$ | $\delta(A, 1) = B$ |
| $A \rightarrow \lambda$ | $\delta(A, \lambda) = q_f$ |
| $B \rightarrow 0A$ | $\delta(B, 0) = A$ |

Conforme vemos na tabela, temos 4 estados possíveis, S, A, B e $q_f$. Para fazer o diagrama de estados basta representar cada estado e fazer as relações entre eles, conforme visto na figura 3:

**Figura 3: AFM obtido pela gramática regular**

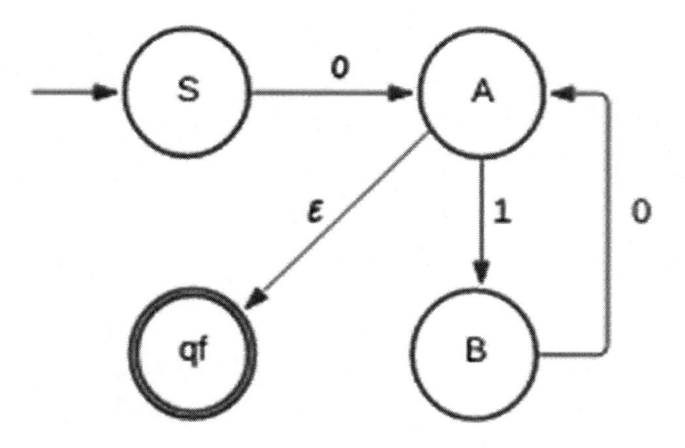


Fonte: Autoria própria

### 4.2.2. Obtendo uma gramática regular a partir de um AFD

O caminho inverso também é possível, ou seja, obter a gramática regular a partir de um AFD. Para isto temos que definir quais são as funções de transição e quais devem ser as regras de produção que elas representam.

Vamos considerar o seguinte exemplo; M = (Q, Σ, δ, $q_0$, F) onde:

$Q = \{q0, q1, q2\}$

$\Sigma = \{0,1, 2\}$

$q0 = q0$

$F = \{q0, q1, q2\}$

E as funções de transição. A representação deste autômato no diagrama de estados é visto na figura 4:

**Figura 4: AFD para ser convertido em gramática regular**

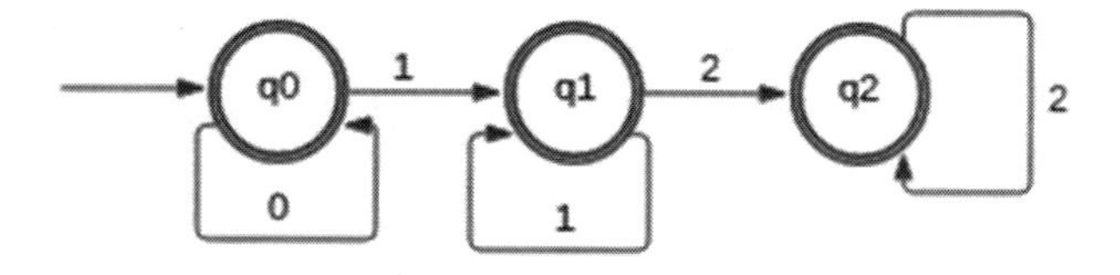


Fonte: Autoria própria

Neste exemplo todos os estados são estados finais. Para obter o AFD na gramática regular devemos iniciar com a raiz da cadeia, no caso o S. Este é representado pelo q0, então temos:

$S \rightarrow q0$

E para todos os estados devemos fazer a seguinte regra de produção:

$q0 \rightarrow \varepsilon$

$q1 \rightarrow \varepsilon$

$q2 \rightarrow \varepsilon$

Agora devemos analisar cada um dos estados e o estado futuro alcançado conforme o símbolo lido, por exemplo, a função de transição δ(q0, 0) = q0 indica a seguinte regra de produção: q0 → a q0

Fazendo o mesmo com os demais estados e símbolos obtemos a tabela a seguir:

| Função de transição | Regra de produção |
|---|---|
| | S → q0 |
| | q0 → ε |
| | q1 → ε |
| | q2 → ε |
| δ(q0, 0) = q0 | q0 → 0 q0 |
| δ(q0, 1) = q1 | q0 → 1 q1 |
| δ(q1, 1) = q1 | Q1 → 1 q1 |
| δ(q1, 2) = q2 | Q1 → 2 q2 |
| δ(q2, 2) = q2 | Q2 → 2 q2 |

## 4.3. LEMA DO BOMBEAMENTO

O lema do bombeamento é um teorema utilizado para identificar se uma linguagem é regular ou não, através deste lema é possível provar que uma determinada linguagem não é regular.

A proposta do lema de bombeamento é que, se temos uma linguagem regular, então ela deve ser reconhecida por um autômato finito determinístico que possui um determinado número de estados.

Caso o autômato aceite uma cadeia com comprimento maior ou igual ao do número de estados do autômato, então podemos considerar que existe algum estado que foi percorrido mais de uma vez, assim sendo existe um ciclo no autômato e este deve estar descrito nas regras de produção da gramática.

Podemos exemplificar o lema de bombeamento com uma cadeia w que é subdividida em três cadeias: uvz. Assim temos:

$w = uvz$

Onde a quantidade de símbolos existente no subconjunto uv deve ser menor ou igual ao número de estados do autômato, e o número de símbolos existente em v deve ser maior ou igual a 1:

$|uv| <= n, |v| >= 1$

Onde v é o subconjunto de w que é reconhecido pelo ciclo existente no autômato. Este ciclo deve ser executado zero ou mais vezes, conforme a cadeia lida. Esta ação de executar o ciclo é chamada de bombeamento, e podemos representar como:

*$i >= 0$, $uv^iz$ sendo aceito pelo autômato.*

Na figura 5 vemos uma representação de um autômato simples que atende ao lema do bombeamento:

Figura 5: Exemplo de lema do bombeamento

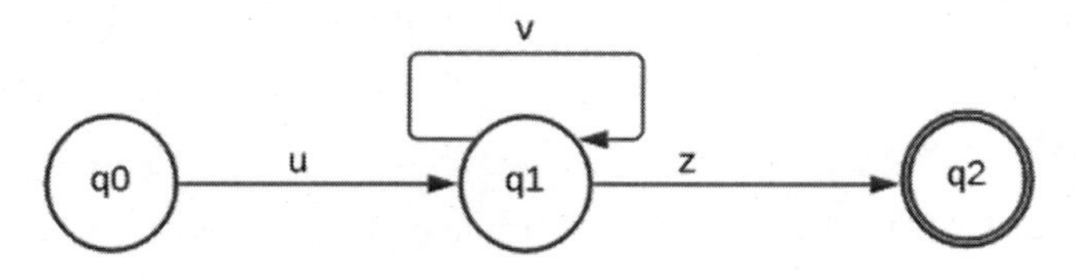


Fonte: Autoria própria

## 4.3.1. Aplicando o lema do bombeamento em linguagem regular

A aplicação direta do lema do bombeamento é para identificar se uma linguagem é regular ou não. Caso a linguagem seja regular, então existe um autômato com um número finito de estados n de tal forma que cada cadeia w aceita por esta linguagem deve ter uma quantidade de símbolos maior ou igual a este número de estados:

$| w | >= n$

E para w temos que w = uvz então:

$| uv | <= n$

$| v | >= 1$

E para todo i onde i>= 0, $uv^iz$ é uma cadeia de L e consecutivamente, é uma linguagem regular.

Vamos exemplificar o lema do bombeamento com a linguagem L que reconhece a cadeia $0^i1^i$, onde i é maior ou igual a zero. Queremos definir se esta linguagem é ou não regular.

A aplicação do lema inicia considerando que L é regular, assim deve existir uma decomposição da cadeia w de forma que $w = 0^i 1^i = uvw$.

Então o problema é encontrar este subconjunto que atenda aos requisitos de uvw.

Podemos considerar o seguinte:

$u = 0^i$

$v = 0^j$

$w = 0^{k-i-j} 1^k$

Com i + j menor ou igual a k e j maior que zero.

Então é preciso existir uma decomposição que atenda a estes critérios, assim bombeando uma subpalavra podemos ter:

$uv^2w = 0^i 0^j 0^j 0^{k-i-j} 1^k = 0^{(i+j+j+k-i-j)} 1^k = 0^j 0^k 1^k.$

No final tenho $0^{j+k}$ e $1^k$. Como j deve ser maior que zero, então j+k é diferente de k. Portanto, esta linguagem $0^i 1^i$ não é regular.

Podemos considerar outro exemplo mais simples, com $0^n$ onde n é um quadrado perfeito, ou seja, posso representar o n como $k^2$. Nesta linguagem temos uma cadeia z que é igual a $0^n$, onde substituo o n por $k^2$. Com isto o tamanho de z deve ser $|z| = k^2$.

Da mesma forma como no exemplo anterior, devemos encontrar uma decomposição de z que atenda z = uvw. Nesta execução vamos considerar o tamanho das cadeias. Então temos:

$| uv^2w | = | uvw | + | v |$

$| uv^2w | = | z | + | v |$

$| uv^2w | = k^2 + | v |$

Como temos $(0 < | v | <= k)$ então a partir deste ponto fazemos:

$| uv^2w | <= k^2 + k$

Para remover o igual posso acrescentar 1 do lado direito, então:

$| uv^2w | < k^2 + k + 1$

$| uv^2w | < (k + 1)^2$

*Assim* $k^2 < | uv^2w | < (k + 1)^2$

Portanto, $uv^2w$ não pertence à linguagem e assim não é uma linguagem regular, com isto não existe nenhum autômato finito determinístico que consiga reconhecer as cadeias desta linguagem.

## 4.4. CONCLUSÕES

As linguagens regulares são um importante conceito relacionado com a teoria dos autômatos, principalmente por estarem associadas com o desenvolvimento de autômatos capazes de reconhecer as cadeias obtidas através de suas gramáticas.

Os autômatos finitos determinísticos permitem compreender como é o funcionamento computacional para identificar determinados padrões. A sua relevância na compreensão do funcionamento dos operadores, verificando quais devem ser os estados futuros conforme cada entrada obtida torna mais fácil compreender como as máquinas mais complexas operam.

O conhecimento da computação é um crescente onde a importância de entender bem os fundamentos se justifica a cada nova etapa.

No próximo capítulo veremos as linguagens livres de contexto. Sua definição e aplicabilidade.

# 5. LINGUAGEM LIVRE DE CONTEXTO

As linguagens aparentam ser similares, porém possuem características que as distinguem entre sim. As linguagens regulares possuem grande eficiência e são fáceis de implementar, porém são restritas e limitadas.

Conforme Chomsky elaborou, temos as linguagens regulares e as linguagens livre de contexto.

As principais diferenças entre estas duas linguagens é que a linguagem regular é mais simples, consegue representar uma gramática mais rígida, com regras bem claras, já a linguagem livre de contexto é mais ampla, além de conseguir representar as gramáticas regulares, consegue representar uma gramática mais complexa, com estruturas melhor definidas, por exemplo, utilizando uma árvore de derivação com diversas possibilidades de cadeias.

Neste capítulo veremos a definição e aplicação das gramáticas e linguagens livres de contexto, além das possibilidades de uso.

## 5.1. GRAMÁTICA LIVRE DE CONTEXTO

Uma linguagem deve reconhecer todas as cadeias que são produzidas por uma determinada gramática. Desta forma conforme visto nos capítulos anteriores, uma linguagem regular reconhece as cadeias produzidas conforme uma gramática regular.

As gramáticas regulares podem gerar cadeias simples, que atendam regras bem definidas. Porém, estas regras acabam limitando as aplicações das linguagens regulares, por estas serem bem simples.

De forma a tratar situações mais diversas e complexas, Chomsky apresentou uma linguagem livre de contexto, a qual é superior à linguagem regular quanto às possibilidades de reconhecimento de cadeias.

Uma das principais diferenças entre as linguagens está nas cadeias que contêm alinhamentos sintáticos. Ou seja, as linguagens livres de contexto conseguem interpretar parênteses, construções gramaticais utilizando blocos e estruturas existentes na cadeia.

Como exemplo de cadeias geradas por esta gramática temos:

Palíndromos: cadeias que são idênticas independente do sentido da leitura. Quando lidas da direita para a esquerda formam a mesma cadeia caso se fossem lidas no sentido contrário, da esquerda para a direita:

*0110110, 000, 1111*

Cadeias com mesma quantidade de caracteres distintos, por exemplo, mesmo número de 0s e 1s:

*01, 0011, 111000*

Parênteses balanceados: cadeias que utilizem parênteses com a mesma quantidade de parênteses de abertura e parênteses de fechamento:

*(00(1)1)*

A representação da gramática livre de contexto segue a mesma definição da gramática regular, onde temos a gramática G = (V, Σ, P, S).

Podemos exemplificar uma gramática livre de contexto com o seguinte exemplo, que reconheça cadeias $0^n1^n$:

$V = \{S, A, B\}$

$\Sigma = \{0,1\}$

$P: S \rightarrow \varepsilon$

$S \rightarrow 0\,S\,1$

Para gerar a palavra 01 temos:

$S \rightarrow 0\,S\,1 \rightarrow 0\,\varepsilon\,1 \rightarrow 01$

Para gerar a palavra 0011 temos:

$S \rightarrow 0\,S\,1 \rightarrow 00\,S\,11 \rightarrow 00\,\varepsilon\,11 \rightarrow 0011$

E assim consecutivamente para todas as possibilidades de $0^n1^n$.

Todas as características da gramática regular são estendidas para a gramática livre de contexto, porém esta segunda possui outra forma de representação além dos autômatos, que é a árvore de derivação. Uma forma de conseguir acompanhar a aplicação das regras de produção que geram as cadeias.

A gramática livre de contexto também pode ser utilizada para representar expressões de uma linguagem de programação utilizando os operadores * e +. Desta forma é possível fazer construções de cadeias mais ricas e com novas finalidades.

Por exemplo, gerar cadeias como (a + b)(a + b + 0 + 1)*

Para obter este resultado devemos ter um conjunto de regras de produção para as expressões, representado por E, e outro conjunto para os identificadores, representado por I. Então temos o seguinte exemplo de uma gramática com expressões:

$G_2 = (V, \Sigma, P, S)$.

*Onde:*

$V = \{S, E, I\}$

$\Sigma = \{a, b, 0,1\}$

$P\!: E \rightarrow I$

$E \rightarrow E + E$

$E \rightarrow E * E$

$E \rightarrow (E)$

$I \rightarrow a$

$I \rightarrow b$

$I \rightarrow Ia$

$I \rightarrow Ib$

$I \rightarrow I0$

$I \rightarrow I1$

Sendo que a regra E → I é a base da nossa gramática, o elemento raiz, e que I → a e I → b são os identificadores.

Através do processo da leitura das regras e substituição pelas regras de produção, temos a aplicação do reconhecimento da cadeia, este processo é denominado derivação, que significa a derivação proveniente da primeira regra de produção até obter a cadeia desejada.

Esta derivação pode ocorrer mais à direita ou mais à esquerda, conforme a variável que for substituída por uma regra de produção. Desta forma é possível identificar se a característica da gramática é uma gramática livre de contexto com derivação à esquerda ou com derivação à direita.

Vamos exemplificar uma gramática com derivação à esquerda utilizando a gramática $G_2 = (V, \Sigma, P, S)$ com suas regras de produção.

Neste exemplo vamos gerar a cadeia Z = a * (a + b00)

Para isto a aplicação das regras fica da seguinte forma:

$E \rightarrow \mathbf{E} * E \rightarrow \mathbf{I} * E \rightarrow a * \mathbf{E} \rightarrow a * \mathbf{(E)} \rightarrow a * (\mathbf{E} + E) \rightarrow a * (\mathbf{I} + E) \rightarrow a * (a + \mathbf{E}) \rightarrow a * (a + \mathbf{I}) \rightarrow a * (a + \mathbf{I0}) \rightarrow a * (a + \mathbf{I00}) \rightarrow a * (a + \mathbf{b00})$

Agora, para este mesmo exemplo vamos aplicar as regras de produção considerando uma derivação à direita. Neste caso teremos:

$Z = a * (a + b00)$

$E \rightarrow E * \mathbf{E} \rightarrow E * \mathbf{(E)} \rightarrow E * (E + \mathbf{E}) \rightarrow E * (E + \mathbf{I}) \rightarrow E * (E + \mathbf{I0}) \rightarrow E * (E + \mathbf{I0}) \rightarrow E * (E + \mathbf{I00}) \rightarrow E * (\mathbf{E} + b00) \rightarrow E * (\mathbf{I} + b00) \rightarrow \mathbf{E} * (a + b00) \rightarrow \mathbf{I} * (a + b00) \rightarrow a * (a + b00)$

## 5.2. ÁRVORE DE DERIVAÇÃO

A árvore de derivação é uma forma de apresentar a aplicação das regras de produção de uma gramática livre de contexto que consiga gerar uma determinada cadeia.

Esta representação torna mais fácil a compreensão de como a gramática pode ser utilizada para produzir diversas palavras, com isto tornando mais fácil a compreensão das linguagens livres de contexto.

Para elaborar uma árvore de derivação existem algumas regras associadas com o símbolo inicial, que devem ser seguidas, estas regras utilizam como base a gramática: G = (V, Σ, P, S) onde S é o símbolo inicial, V são as variáveis não terminais e Σ as variáveis terminais.

1. O símbolo inicial S representa a raiz da árvore de derivação;
2. Os variáveis terminais Σ representam as folhas da árvore, inclusive o vazio ε ;
3. As variáveis não terminais V representam um nó da árvore;
4. A leitura da árvore de derivação ocorre da esquerda para a direita dos símbolos terminais.

Para exemplificar vamos criar uma árvore de derivação para a gramática $0^n1^n$ onde queremos representar a cadeia 0011.

A figura 1 representa esta árvore de decisão:

**Figura 1: Representação da árvore de derivação da cadeia 0011**

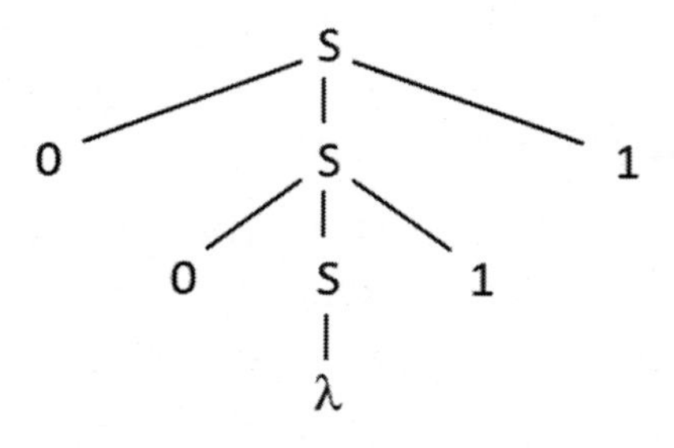


Fonte: Autoria própria

Uma mesma gramática pode ter diferentes regras de produção na elaboração das cadeias. Vimos o exemplo de regras que geram cadeias $0^n1^n$, também podemos ter a seguinte possibilidade:

$G \text{ com } \Sigma = \{0,1\}$

$V = \{S, A, B\}$

P com as seguintes regras:

$S \rightarrow 0B \mid 1A$

$A \rightarrow 0 \mid 0S \mid 1AA$

$B \rightarrow 1 \mid 1S \mid 0BB$

Seguindo esta gramática, conseguimos produzir 0011 com esta sequência de regras de produção:

$S \rightarrow 0\,B \rightarrow 0\,0\,B\,B \rightarrow 0\,0\,1\,B \rightarrow 0\,0\,1\,1$

Implementando a árvore de derivação para este caso, temos um resultado conforme a figura 2 mostra:

Figura 2: Outra representação da árvore de derivação da cadeia 0011

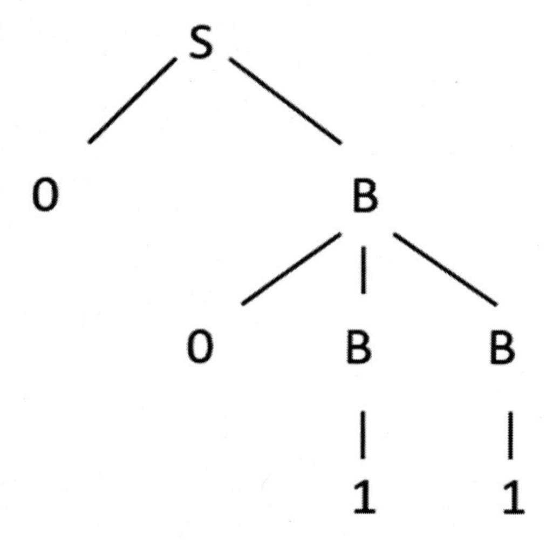


Fonte: Autoria própria

Fazendo a leitura da árvore de derivação da esquerda para a direita, temos: 0011.

### 5.2.1. Propriedades da árvore de derivação

Uma gramática livre de contexto é ambígua quando existem mais de uma árvore de derivação que possam gerar uma cadeia. No exemplo da cadeia 0011, alterando as regras de produção incluindo $S \rightarrow 0\ S\ 1$ e $S \rightarrow \varepsilon$ temos:

$S \rightarrow 0B \mid 1A \mid 0\ S\ 1 \mid \varepsilon$

$A \rightarrow 0 \mid 0S \mid 1AA$

$B \rightarrow 1 \mid 1S \mid 0BB$

Com isto as possibilidades de uso da gramática para obter 0011 são:

$S \rightarrow 0\,S\,1 \rightarrow 0\,0\,S\,1\,1 \rightarrow 0\,0\,\varepsilon\,1\,1 \rightarrow 0\,0\,1\,1$

$S \rightarrow 0\,B \rightarrow 0\,0\,B\,B \rightarrow 0\,0\,1\,B \rightarrow 0\,0\,1\,1$

Estas duas possibilidades de implementação das regras produzem a mesma cadeia, com isto tornando a gramática ambígua quanto as suas possibilidades de uso.

A grande maioria das linguagens livres de contexto pode ser gerada por uma gramática livre de contexto que não seja ambígua, porém nem toda linguagem livre de contexto pode ser obtida de uma gramática livre de contexto não ambígua. Nesta situação temos linguagens que são então ambíguas.

O comprimento de uma árvore de derivação é obtido considerando o caminho percorrido desde a raiz até a folha (variável terminal), contabilizando a quantidade de variáveis não terminais existentes neste caminho.

Já a altura de uma árvore de derivação é o comprimento do caminho mais longo existente nela.

No exemplo da figura 3 a altura é três, conforme visto na figura x a seguir:

**Figura 3: Altura de uma árvore de derivação**

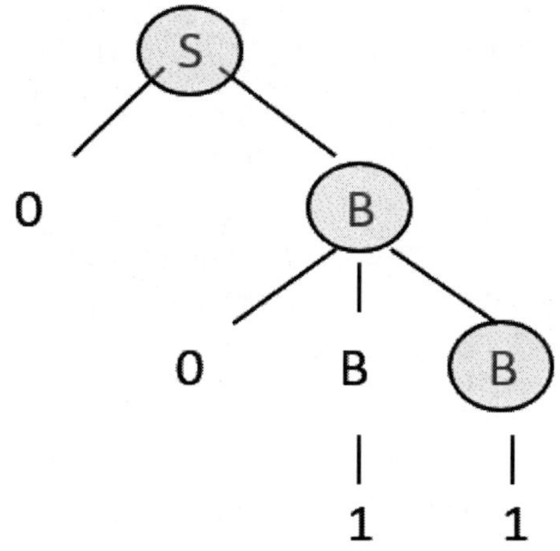

Fonte: Autoria própria

As árvores de derivação podem ser utilizadas em processadores de texto, simplificando a compreensão das cadeias lidas.

## 5.3. REPRESENTAÇÃO BACKUS-NAHUR FORM (BNF)

As linguagens livres de contexto podem ser representadas através de uma notação proposta em torno da década de 60 do século passado denominada *Backus-Nahur Form* (BNF).

Conforme a notação temos o seguinte:

- Variáveis não terminais (V) devem ser representadas entre os símbolos “<” e “>”;
- Variáveis terminais devem ser representados sem delimitadores;

- O símbolo "→" deve ser substituído por "::=";
- Não utiliza o símbolo de vazio;
- Todas as possibilidades de substituição para um não terminal devem ser apresentadas juntas, sendo separadas pelo metasímbolo "|";
- {A} representa zero ou mais repetições de A;
- [A] indica que A é opcional.

O uso de chaves – {A} – tem como finalidade representar termos que podem não ocorrer ou ocorrer várias vezes, assim não tendo mais a necessidade de utilizar recursões explicitas e parênteses indicando o termo que pode se repetir.

Quanto à proposta da notação do colchete – [A] – esta é utilizada para indicar elemento opcional é deixar de representar uma cadeia vazia $\varepsilon$ . Então na notação BNF utilizamos [A] ao invés de $\varepsilon$ .

Vamos exemplificar o uso da notação BNF com o seguinte exemplo de regras de produção:

$S \rightarrow 0B \mid 1A$

$A \rightarrow 0 \mid 0S \mid 1AA$

$B \rightarrow 1 \mid 1S \mid 0BB$

Utilizando BNF temos:

*<S> ::= 0<B> | 1<A>*

*<A> ::= 0 | 0<S> | 1<A><A>*

*<B> ::= 1 | 1<S> | 0<B><B>*

O uso da notação BNF é simples, sendo apenas a troca dos elementos conforme apresentado.

Outro exemplo com cadeia vazia:

$S \rightarrow aS \mid \varepsilon$

Representamos em BNF assim:

*<S> ::= [a<S>]*

Um exemplo do uso de chaves {} pode ser:

$S \rightarrow aS \mid b$

Representamos como:

*<S> ::= {a}b*

## 5.4. FORMA NORMAL DE CHOMSKY

A finalidade de usar a forma normal de Chomsky é tornar uma linguagem livre de contexto mais simples, pois nesta forma normal a parte direita de qualquer regra de produção pode ter no máximo dois símbolos.

Então, para uma gramática G = (Σ, V, P, S) todas as suas regras de produção devem estar em uma das duas formas a seguir, considerando que A, B e C pertencem ao conjunto de variáveis não terminais V e que a pertença ao vocabulário Σ:

1. A → BC
2. A → a
3. S → ε

A forma normal de Chomsky admite a cadeia vazia quando esta pertencer à linguagem, porém neste caso deve ser a regra S → ε onde ε aparece do lado direito somente do símbolo inicial, assim atendendo ao critério: A → a.

Outra característica da forma normal de Chomsky é que nenhuma regra pode ter o símbolo inicial S no lado direito. É importante ressaltar que toda linguagem livre de contexto pode ser gerada por uma gramática livre de contexto que se encontre na forma normal de Chomsky.

### 5.4.1. Transformação para obter a FN

Para converter uma gramática livre de contexto na forma normal de Chomsky é preciso realizar algumas transformações nesta gramática de forma a inserir, alterar ou remover as regras de produção até obter o resultado ideal.

Existem quatro transformações que devem ser seguidas e implementadas.

**Primeira transformação**: Recursividade de S

A primeira transformação é referente a remoção da recursividade existente no símbolo inicial. Esta transformação visa eliminar o seguinte caso:

$S \rightarrow 0S1$

Para que isto ocorra basta adicionar um símbolo inicial S' que leva para o símbolo inicial S, ficando assim:

$S' \rightarrow S$

$S \rightarrow 0S1$

**Segunda transformação**: Eliminar a cadeia vazia $\varepsilon$ das regras de produção.

Nesta transformação devemos remover as cadeias vazias de qualquer ocorrência das regras de produção. Para isto devemos inicialmente remover a regra e então adicionar uma nova que mantenha a integridade da gramática.

Existe um exemplo clássico que demonstra como esta transformação deve ocorrer. Vamos considerar as seguintes regras de produção:

$S' \rightarrow S$

$S \rightarrow ASA \mid 0B$

$A \rightarrow B \mid S$

$B \rightarrow 1 \mid \varepsilon$

O primeiro passo é remover B $\rightarrow \varepsilon$. Como temos B $\rightarrow$ 1 | $\varepsilon$, são duas regras existentes:

$B \rightarrow 1$

$B \rightarrow \varepsilon$

Devemos remover a regra B $\rightarrow \varepsilon$ assim tendo:

$S' \rightarrow S$

$S \rightarrow ASA \mid 0B$

$A \rightarrow B \mid S$

$B \rightarrow 1$

Agora vem a complementação, pois é preciso considerar a implicação de remover a cadeia vazia nas demais regras de produção. Com isto devemos tratar as regras que chamam B, pois estas recebiam o $\varepsilon$. Temos duas situações no exemplo:

$S \rightarrow ASA \mid 0B$

$A \rightarrow B \mid S$

Para a regra A $\rightarrow$ B | S, o B poderia ser o $\varepsilon$, então devemos manter a lógica:

$A \rightarrow B \mid S \mid \varepsilon$

Já para a regra $S \rightarrow ASA \mid 0B$, temos uma regra a direita que ia para o estado 0B, como o B indo para a cadeia vazia foi removido, temos uma nova situação em que S leva diretamente para a variável terminal 0:

$S \rightarrow ASA \mid 0B \mid \mathbf{0}$

Que seria uma das possibilidades caso mantivéssemos a regra do $B \rightarrow \varepsilon$. Com isto o resultado obtido até o momento é:

$S' \rightarrow S$

$S \rightarrow ASA \mid 0B \mid \mathbf{0}$

$A \rightarrow B \mid S \mid \varepsilon$

$B \rightarrow 1$

Agora devemos tratar a situação nova, que geramos: $A \rightarrow B \mid S \mid \varepsilon$. Ou seja, devemos tratar o $A \rightarrow \varepsilon$. Para isto basta pegar cada situação de $S \rightarrow ASA \mid 0B \mid 0$ onde tem a variável não terminal A e inserir as possibilidades caso o A seja vazio. Assim temos:

$S \rightarrow ASA$

Para ilustrar, vamos nomear cada ocorrência de A, assim tendo a seguinte composição: $A_0SA_1$. Então para $A_0$ vazio temos: $SA_1$. Para $A_1$ vazio temos $A_0S$, e para $A_0$ e $A_1$ vazio temos: S. O resultado final é:

$S \rightarrow ASA \mid AS \mid SA \mid S$

Adicionado as demais regras temos:

$S' \rightarrow S$

$S \rightarrow ASA \mid 0B \mid 0 \mid SA \mid AS \mid S$

$A \rightarrow B \mid S$

$B \rightarrow 1$

**Terceira transformação**: Eliminar todas as regras unitárias.

Nesta transformação devemos remover todas as regras do tipo A → B mantendo as regras de produção do elemento da direita associados no elemento da esquerda.

Iniciamos removendo o S → S existente em:

$S \rightarrow ASA \mid 0B \mid 0 \mid SA \mid AS \mid S$

Assim ficando:

$S' \rightarrow S$

$S \rightarrow ASA \mid 0B \mid 0 \mid SA \mid AS$

$A \rightarrow B \mid S$

$B \rightarrow 1$

Depois tratamos o novo estado criado S'. No caso devemos pegar todas as regras existentes que saem de S e repetir para o S', com isto Removendo S'→ S:

$S' \rightarrow ASA \mid 0B \mid 0 \mid SA \mid AS$

$S \rightarrow ASA \mid 0B \mid 0 \mid SA \mid AS$

$A \rightarrow B \mid S$

$B \rightarrow 1$

Isto porque quando removemos a regra unitária, as regras de produção se mantêm, então tem que continuar alcançáveis.

Agora removendo o A → B da regra A → B | S, então temos o seguinte, como B leva somente para 1, ao remover a regra A → B devo acrescentar o destino do B, que é 1:

$S' \rightarrow ASA \mid 0B \mid 0 \mid SA \mid AS$

$S \rightarrow ASA \mid 0B \mid 0 \mid SA \mid AS$

$A \rightarrow S \mid 1$

$B \rightarrow 1$

Por fim, removendo A → S. Como S leva para as regras de produção ASA | 0B | 0 | SA | AS então a remoção fica a adição de ASA | 0B | 0 | SA | AS para a regra A:

*S'→ ASA | 0B | 0 | SA | AS*

*S → ASA | 0B | 0 | SA | AS*

*A → 1* | **ASA | 0B | 0 | SA | AS**

*B → 1*

O resultado final até o momento é:

*S'→ ASA | 0B | 0 | SA | AS*

*S → ASA | 0B | 0 | SA | AS*

*A → 1 | ASA | 0B | 0 | SA | AS*

*B → 1*

**Quarta transformação**: Adicionar novas variáveis não terminais para obter A → BC e A → a.

Nesta quarta etapa devemos tratar as seguintes regras de produção:

ASA e 0B.

Para tratar 0B é mais simples. Devemos criar uma nova variável não terminal C que seja C → 0 e assim substituir nas regras de produção:

*S'→ ASA | CB | 0 | SA | AS*

*S → ASA | CB | 0 | SA | AS*

*A → 1 | ASA |C0B | 0 | SA | AS*

*B → 1*

*C → 0*

Repare que não substituímos as regras $S \rightarrow 0$ ou $A \rightarrow 0$ pois estas já atendem a forma normal de Chomsky.

Agora vamos atuar em ASA. A solução também é simples, pegamos uma parte da regra e criamos uma nova que a contemple: $ASA = AA_1$, onde $A_1 = AS$.

O resultado final fica sendo:

$S' \rightarrow AA_1 \mid CB \mid 0 \mid SA \mid AS$

$S \rightarrow AA_1 \mid CB \mid 0 \mid SA \mid AS$

$A \rightarrow 1 \mid AA_1 \mid C0B \mid 0 \mid SA \mid AS$

$B \rightarrow 1$

$C \rightarrow 0$

$A_1 \rightarrow AA_1$

Aplicando estas transformações conseguimos converter qualquer gramática livre de contexto na forma normal de Chomsky, deixando-os mais simples de serem compreendidos e implementados.

## 5.5. AUTÔMATO DE PILHA

Como as gramáticas livres de contexto são mais amplas do que as gramáticas regulares, os autômatos finitos não determinísticos não conseguem reconhecer esta definição mais livre.

Para implementar reconhecedores desta linguagem são utilizados autômatos de pilha, que possuem a mesma estrutura dos AFND acrescido de uma memória auxiliar mais simples, que é na forma de uma pilha. A proposta desta memória é que o último símbolo empilhado, armazenado na memória, seja o primeiro a ser desempilhado. Na figura 4 vemos uma representação do autômato de pilha:

**Figura 4: Representação de um autômato com pilha**

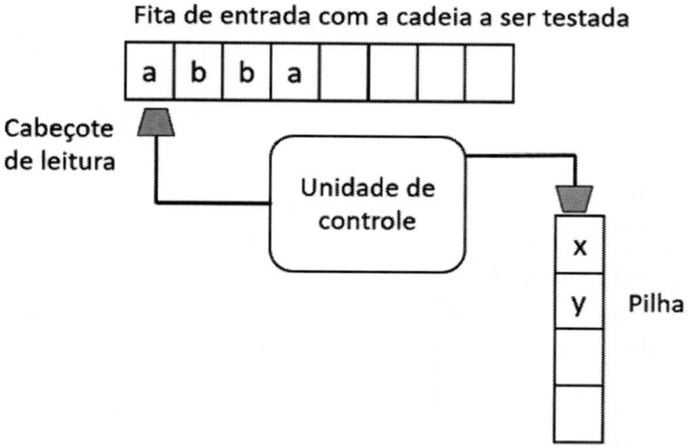

Fita de entrada com a cadeia a ser testada

a b b a

Cabeçote de leitura

Unidade de controle

x

y

Pilha

Fonte: Autoria própria

Enquanto que o autômato finito determinístico é representado por uma é quíntupla: $M = (Q, \Sigma, \delta, q_0, F)$, no autômato a pilha é representada por uma sêxtupla, onde temos:

$M = (Q, \Sigma, \Gamma, \delta, q_0, F)$

A principal diferença está no $\Gamma$, que representa o alfabeto de pilha, todos os demais elementos são similares:

*Q = conjunto de estados finitos;*

*Σ = alfabeto finito de entrada;*

*q0 = estado inicial;*

*F = conjunto dos estados finais, de aceitação;*

*δ = regras de produção, as funções de transição de estados;*

*Γ = alfabeto finito de pilha.*

Da mesma forma com que um autômato finito determinístico reconhece as gramáticas regulares, os autômatos a pilha reconhecem as gramáticas livres de contexto. Para cada símbolo lido da cadeia de entrada, este pode ser empilhado ou não, conforme determinado pelas regras de produção e para conseguir reconhecer a gramática.

A memória adicional de pilha não tem relação com a fita de entrada além de não possuir um limite máximo de tamanho, podendo ser considerada infinita. Em uma memória de pilha a base é sempre fixa e o topo é variável, conforme a quantidade de elementos armazenados.

O seu funcionamento ocorre da seguinte forma, conforme um símbolo for lido este será gravado na pilha, onde ficará na base da mesma. Conforme novos símbolos forem lidos, estes serão empilhados, armazenados na pilha, ficando sempre em uma estrutura que representa como se um estivesse em cima do outro.

Desta forma numa memória de pilha sempre o último símbolo gravado será o primeiro símbolo a ser lido e recuperado.

A figura 5 apresenta como é o funcionamento da memória com pilha:

**Figura 5: Representação de um autômato com pilha**

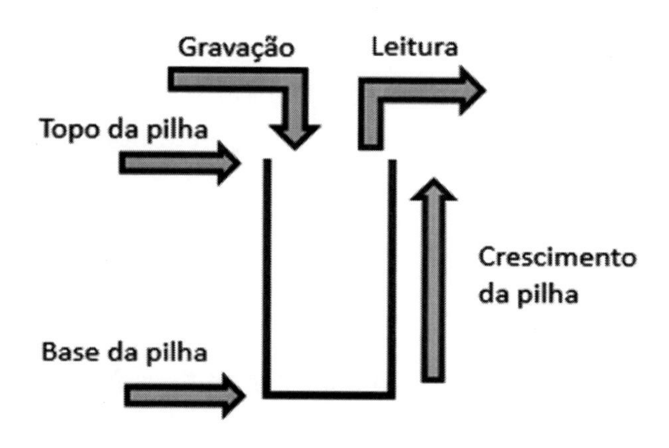


Fonte: Autoria própria

Durante o funcionamento do autômato com pilha o reconhecimento de que uma determinada cadeia pertence a uma gramática livre de contexto depende de o autômato atender aos seguintes critérios:

- O autômato inicia no estado inicial e com a pilha vazia;
- O autômato se move conforme as funções de transição, regras de produção especificadas;
- Ao terminar de ler a cadeia de entrada o autômato se encontra em um estado final de aceitação, independente se a pilha se encontra vazia.

Esta característica final, de que o autômato deve finalizar a leitura da cadeia com um estado final tem variações em que tanto o estado final quanto a pilha vazia são necessárias para indicar que a cadeia é aceita pela gramática, que o autômato reconhece a gramática.

A representação do autômato com pilha pode ter também a adição de um sétimo elemento, o $Z_0$, que representa o símbolo inicial existente na pilha:

$$M = (Q, \Sigma, \Gamma, \delta, q_0, Z_0, F)$$

Onde o $Z_0$ deve ser um dos símbolos existentes em $\Gamma$. O símbolo que representa a base da pilha $Z_0$ também pode ser o $. A finalidade deste símbolo é indicar se a pilha está vazia quando termina de ler a cadeia de entrada.

A movimentação do autômato com pilha considera o seguinte, em cada passo da execução o autômato lê o símbolo da cadeia de entrada, consulta o topo da pilha e o estado em que se encontra. Conforme a regra de produção identifica qual deve ser o próximo estado e como deve interagir com a pilha, adicionado ou removendo um símbolo.

A representação da função de transição das regras de produção segue o seguinte formato:

$$\delta(q,a,Z) = <t, \gamma>$$

Onde temos:

$q$ = *estado atual pertencente a* $Q$, *não terminais;*

$a$ = *símbolo lido na fita de entrada;*

$Z$ = *símbolo para ser consumido na pilha;*

$t$ = *próximo estado;*

$\gamma$ = *símbolo no topo da pilha.*

Nesta representação o estado inicial é:

$$(q_0, w, Z_0)$$

### 5.5.1. Execução do Autômato com Pilha

Para compreender melhor como é a aplicação de um autômato com pilha vamos considerar o seguinte exemplo:

Tendo a linguagem $L = \{0^n1^n \mid n >= 0\}$, conforme visto no capítulo anterior, não é regular. Então vamos construir um autômato com pilha para verificar se é linguagem livre de contexto.

A proposta do autômato é a seguinte, conforme for lendo um símbolo 0 na cadeia de entrada deve empilhá-lo (carregar na memória), e conforme for lendo um símbolo 1 deve desempilhar (ler) um zero da pilha.

Se ao término da leitura da cadeia a pilha estar vazia então a cadeia é aceita pela linguagem, caso contrário, se a pilha ficar vazia antes de terminar de ler os símbolos 1 da entrada, então a cadeia é rejeitada.

Para representar a pilha devemos utilizar os seguintes símbolos:

$\varepsilon$ = indicando que a pilha está vazia;

Ou seja, em cada leitura da cadeia indicamos como é o estado da memória.

Considerando a representação da transição:

$\delta\ (q,a,Z) = <q', \gamma>$

Significando que o autômato se encontra no estado q e vai para o estado q', que o símbolo lido na cadeia de entrada é o a, que o topo da pilha está em Z e que o novo elemento empilhado é o $\gamma$.

Vamos ver como é a operação do autômato com pilha para o seguinte caso:

Elaborar um Autômato com pilha M que reconheça o conjunto L com cadeias compostas por 0 ou 1 contendo a mesma quantidade de zeros e de uns. Assim deve reconhecer a entrada 0101. A definição do autômato será:

$M = (Q, \Sigma, \Gamma, \delta, q_0, Z_0, F)$ *onde:*

$Q = \{q1\};$

$\Sigma = \{0,1\};$

$\Gamma = \{Zo,0,1\};$

$q_0 = q_0;$

$Z_0 = Z_{0;}$

$F = \varepsilon\,;$

E para as regras de produção δ temos:

Quando ler o primeiro 0 deve empilhá-lo:

$\delta\ (q_0,\ 0,\ Z_o) = \{(q_0, 0Z_o)\}$

Quando ler o primeiro 1 deve empilhá-lo:

$\delta\ (q_0,\ 1,\ Z_o) = \{(q_0, 1Z_o)\}$

Quando for lendo 0 consecutivos, deve empilhá-los:

$\delta\ (q_0,\ 0,0) = \{(q_0, 00)\}$

Quando for lendo 1 consecutivos, deve empilhá-los:

$\delta\ (q_0,\ 1,1) = \{(q_0, 11)\}$

Quando ler 1 e no topo da pilha tiver 0 deve desempilhar:

$\delta\ (q_0,\ 1,0) = \{(q_0,\ \varepsilon)\}$

Quando ler 0 e no topo da pilha tiver 1 deve desempilhar:

$\delta\ (q_0,\ 0,1) = \{(q_0,\ \varepsilon)\}$

Desempilha o símbolo $Z_o$ que representa a base da pilha:

$\delta\ (q_0, \varepsilon, Z_o) = \{(q_0, \varepsilon)\}$

Este é um autômato determinístico, que reconhece a cadeia somente se quando terminar de ler os símbolos de entrada se encontrar em um estado de aceitação.

Para a cadeia 0101 teremos:

| Entrada | Símbolo lido na entrada | Transição |
|---|---|---|
| | | $(q_0, Z_0)$ |
| 0 | 0 | $(q_0, 0Z_0)$ |
| 01 | 1 | $(q_0, Z_0)$ |
| 010 | 0 | $(q_0, 0Z_0)$ |
| 0101 | 1 | $(q_0, Z_0)$ |
| ε | ε | $(q_0, \varepsilon)$ |

A representação do autômato com pilha é vista na figura 6:

**Figura 6: Autômato com pilha que reconhece cadeias com zeros e uns na mesma quantidade**

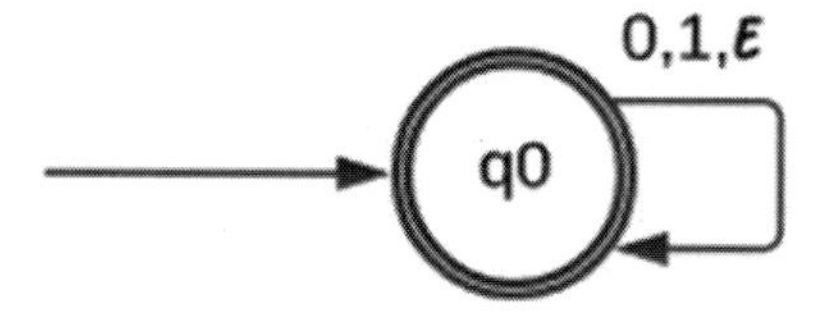


Fonte: Autoria própria

Neste exemplo um único estado consegue atender ao reconhecimento da gramática. Vamos ver outro exemplo onde o número de zeros deve ser igual ao número de uns: $0^n1^n$. Para este caso a forma de definir as regras de produção são simples, inicialmente empilham-se os zeros e depois, conforme for lendo os símbolos 1, então vai desempilhando os zeros.

A definição deste autômato com pilha é

$M = (Q, \Sigma, \Gamma, \delta, q_0, Z_0, F)$ *onde:*

$Q = \{q1\};$

$\Sigma = \{0,1\};$

$\Gamma = \{Zo,0,1\};$

$q_0 = q_0;$

$Z_0 = Z_0.$

E as regras de produção devem ser:

$\delta\ (q_0, \varepsilon, Z_o) = \{(q_0, \varepsilon)\}$

$\delta\ (q_0, 0, Z_o) = \{(q_0, 0Z_o)\}$

$\delta\ (q_0, 1,1) = \{(q_1, \varepsilon)\}$

$\delta\ (q_1, \varepsilon, Z_o) = \{(q_1, \varepsilon)\}$

$\delta\ (q_1, 1,0) = \{(q_1, \varepsilon)\}$

Na figura 7 vemos como fica a representação deste autômato com pilha.

**Figura 7: Autômato com pilha que reconhece a gramática $0^n1^n$**

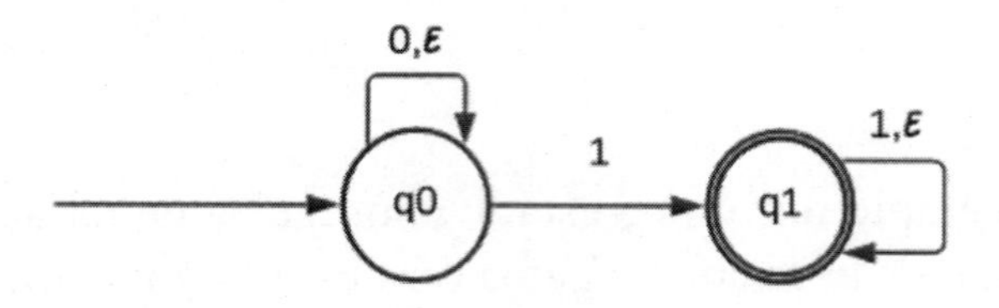


Fonte: Autoria própria

## 5.5.2. Lema do Bombeamento para Linguagens Livres de Contexto

O lema do bombeamento para linguagens livres de contexto segue o mesmo formato do lema de bombeamento para linguagens regulares, desta forma utilizamos o lema para identificar quais linguagens não são livres do contexto.

A proposta do lema é a seguinte, seja A é uma linguagem livre do contexto então deve existir um número p, referente ao comprimento de bombeamento, tal que, sendo s é uma cadeia reconhecida por A onde o comprimento de s é de pelo menos p, podemos então dividir s em cinco partes:

$s = uvxyz$

Esta divisão deve atender a três condições a seguir:

1. Para cada i >= 0, temos uma cadeia $uv^ixy^iz$ pertencente a A;
2. O tamanho da parte vy deve ser maior que zero: | vy | > 0;
3. A parte vxy deve ter comprimento menor ou igual a p, com isto indicando que u e/ou z podem ter comprimento zero: | vxy | <= p.

Podemos ver uma representação do lema do bombeamento na figura 8, onde identificamos o ciclo existente tanto em v quanto em y, com isto podendo ser aumentados (bombeados).

**Figura 8: Representação do lema do bombeamento para linguagem livre de contexto**

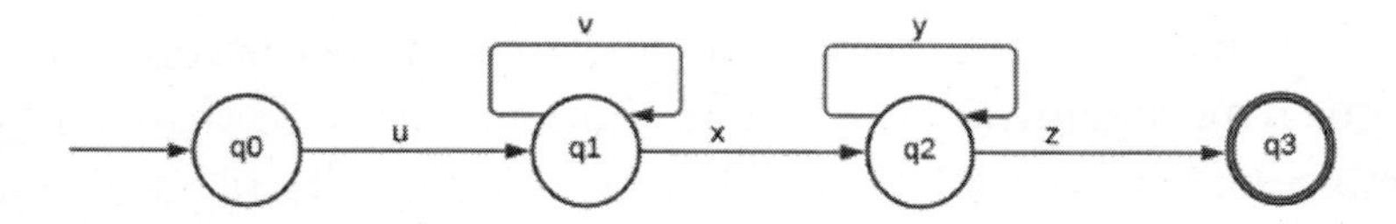


Fonte: Autoria própria

A demonstração deste lema segue a ideia de que é preciso ter uma cadeia s com comprimento maior que p de tal forma que possa ser bombeada. Assim indicando que a linguagem é livre de contexto.

Vamos considerar uma cadeia s em A, sendo então gerada pela Gramática livre de contexto. A demonstração do lema do bombeamento acontece através do uso da árvore de derivação, onde temos o seguinte:

Sendo A gerada por uma gramática livre de contexto, então deve ter uma árvore de derivação. Como a cadeia s deve ser longa, teremos uma repetição no caminho da raiz até a folha, podemos representar esta repetição por R, conforme visto na figura 9:

**Figura 9: Demonstração do lema do bombeamento**

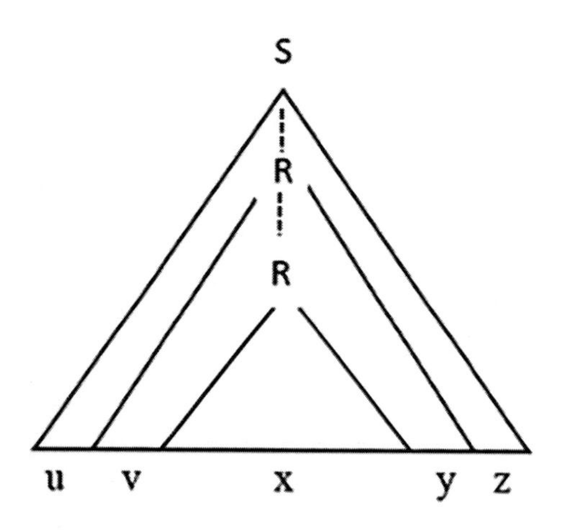


Fonte: Autoria própria

Como tivemos uma repetição de R, conforme as regras da gramática, podemos repetir R inúmeras vezes, assim podemos ter as seguintes ocorrências de R: eliminando a repetição de R, para isto considerando i = 0, assim tendo Demonstração do lema do bombeamento com $uv^0xy^0z$ que resulta em uvz, apresentado na figura 10:

Figura 10: Demonstração do lema do bombeamento com $uv^0xy^0z$

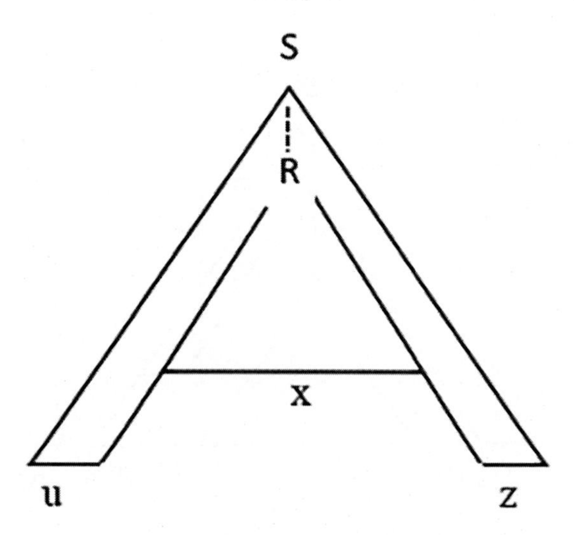


Fonte: Autoria própria

E realizando um bombeamento, tendo então Demonstração do lema do bombeamento com $uv^2xy^2z$., conforme visto na figura 11:

**Figura 11: Demonstração do lema do bombeamento com $uv^2xy^2z$**

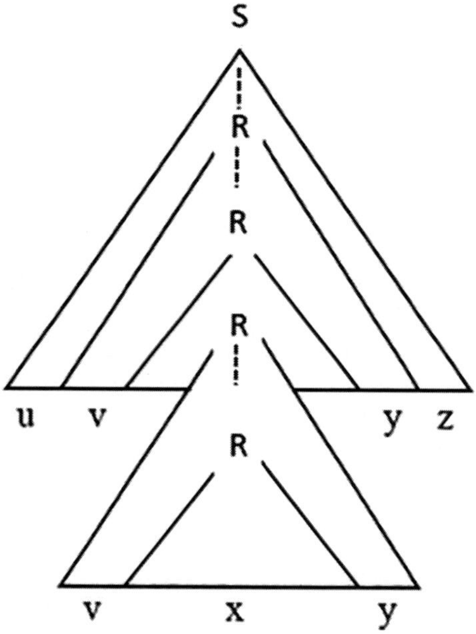

Fonte: Autoria própria

Assim, conforme visto na figura 11, cada bombeamento do trecho da cadeia vxy é possível, com isto indicando que a cadeia é livre do contexto, pois a combinação da árvore de derivação com zero ocorrências com a demonstração para o caso de 2 bombeamentos monstra que uma subcadeia pode ser obtida sem ocorrer uma chamada recursiva, e seu comprimento máximo será p, que é o comprimento mínimo de uma cadeia para pertencer a uma gramática livre de contexto.

## 5.6. CONCLUSÕES

Apesar das linguagens regulares terem um uso muito grande, principalmente para reconhecer gramáticas mais simples, é preciso adotar as linguagens livres de contexto para conseguir que gramáticas mais complexas sejam geradas e validadas.

A gramática livre de contexto expande as possibilidades de uso dos autômatos, porém um mecanismo como um autômato finito que atua sem uma memória restringe seu uso. A adição de uma memória em pilha permite que outros tipos de cadeias sejam reconhecidos, com isto novas gramáticas reconhecidas.

Conforme aumenta o nível da hierarquia de Chomsky, mais poderoso se torna o reconhecedor da gramática e maior o potencial de elaboração e uso das gramáticas.

No próximo capítulo veremos as linguagens sensíveis ao contexto.

# 6. LINGUAGEM SENSÍVEL AO CONTEXTO

As gramáticas regulares e livres de contexto conseguem atender as mais diversas necessidades, sendo muito utilizadas em reconhecimentos de linguagens de programação.

Conforme a proposta da hierarquia de Chomsky, que inicia nas linguagens regulares, percorrendo as linguagens livres de contexto e então chegamos as linguagens sensíveis ao contexto.

Assim como o potencial das gramáticas adotadas e reconhecidas por cada linguagem vai se tornando mais amplo, a necessidade de utilizar reconhecedores mais poderosos também aumenta.

Os autômatos finitos determinísticos foram evoluídos para os autômatos com pilhas, e assim conseguir reconhecer as linguagens livres de contexto. Agora, precisamos utilizar as máquinas de Turing para reconhecer esta outra linguagem.

Neste capítulo veremos a definição e aplicação das gramáticas e linguagens sensíveis ao contexto, a definição da máquina de Turing e sua aplicabilidade.

## 6.1. GRAMÁTICA SENSÍVEL AO CONTEXTO

A premissa da gramática sensível ao contexto é que é possível substituir um não terminal único por um terminal somente nos casos em que temos um terminal precedendo o não terminal.

Ou seja, tendo a regra de produção aB podemos trocar o não terminal B pelo terminal b desde que aB seja precedido por a:

$aB \rightarrow ab$

Também devemos ter que a regra $S \rightarrow \varepsilon$ é válida desde que S não apareça no lado direito de outras regras de produção.

Outra propriedade das gramáticas sensíveis ao contexto é de que em toda a produção $a \rightarrow b$ com a e b pertencentes aos terminais da gramática, temos que o tamanho de a deve ser menor ou igual ao tamanho de b:

Com $G = (V, \Sigma, P, S)$ temos

*$a \rightarrow b$ e com $|a| <= |b|$ sendo o tamanho de a maior que zero.*

Esta característica é o que delimita bem entre as gramáticas livres de contexto das sensíveis ao contexto, pois indica que não aceitam regras com cadeia vazia do lado esquerdo.

Isto significa que em cada derivação da cadeia o tamanho da cadeia derivada não pode ser menor que o estado anterior, menos para o caso de gerar uma palavra vazia, caso esta pertença à linguagem.

Se G é uma gramática que atenda a estas características, então ela pode ser sensível ao contexto. Nem toda gramática livre de contexto é sensível ao contexto, porém toda linguagem livre de contexto é uma linguagem sensível ao contexto. Isto porque podemos ter uma regra de produção com um não terminal A levando para a cadeia vazia:

$A \rightarrow \varepsilon$

Como exemplo de linguagem sensível ao contexto podemos ter a gramática que gera $a^n b^n c^n$ com n maior ou igual a 1.

Neste exemplo temos a gramática: G = (V, Σ, P, S) onde:

$V = \{S, C\}$,

$\Sigma = \{a, b, c\}$

E as regras de produção P:

$A \rightarrow abc$

$ab \rightarrow aabbC$

$Cb \rightarrow bC$

$Cc \rightarrow cc$

Outro exemplo de gramática sensível ao contexto que produza a mesma cadeia $a^n b^n c^n$:

Tendo a gramática: G = (V, Σ, P, S) onde:

$V = \{S, A, B\}$,

$\Sigma = \{a, b, c\}$

E as regras de produção P:

$S \rightarrow aSAB$

$S \rightarrow aAB$

$BA \rightarrow AB$

$aA \rightarrow ab$

$bA \rightarrow bb$

$bB \rightarrow bc$

$cB \rightarrow cc$

Como a regra de produção que distingue uma gramática livre de contexto de uma gramática sensível ao contexto se refere a existência da cadeia vazia $\varepsilon$ , então podemos realizar transformações nesta gramática com a finalidade de convertê-la em uma gramática sensível ao contexto.

Para isto devemos remover toda regra onde temos a cadeia vazia ε existente no lado direito, deixando que exista somente a função:

$S \rightarrow \varepsilon$

Com isto conseguimos mostrar a linguagem livre de contexto é um subconjunto das linguagens sensíveis ao contexto.

## 6.2. MÁQUINA DE TURING

Os autômatos finitos e os autômatos com pilha conseguem somente ler a fita de entrada, porém em 1936 o matemático britânico Alan Mathieson Turing apresentou um modelo matemático referente ao processo de computação que ficou conhecido como Máquina de Turing.

Durante a segunda guerra mundial, em 1943, Turing coordenou o projetado Colossus, um computador inglês que usava símbolos perfurados em fitas de papel que eram processadas na velocidade de 25.000 símbolos por segundo. A proposta do Colossus era a de atuar nos códigos alemães gerados por uma máquina codificadora denominada Enigma.

A ideia central de Turing era a de utilizar esta máquina para identificar se determinados problemas em computação poderiam ser ou não computados por algum algoritmo. Posteriormente outros pesquisadores, como Alonzo Church, apresentaram que qualquer função que fosse computável poderia ser processada por uma Máquina de Turing.

A proposta da Máquina de Turing possui uma estrutura simples e pode ser utilizada para identificar o que é ou não computável e o seu conceito é composto por três elementos: uma fita, uma unidade de controle e uma função de transição.

Ou seja, basicamente os principais componentes de um autômato.

A maior diferente entre a máquina de Turing e os autômatos finitos e com pilha é que estes conseguem apenas ler a fita de entrada com a cadeia a ser reconhecida em um único sentido. Já a máquina de Turing possui uma unidade de controle que consegue tanto ler quanto escrever um único símbolo em cada movimento na fita de entrada, além de conseguir percorrê-la em ambos os sentidos; para a direita e para a esquerda.

A fita de entrada possui as funções de ser um dispositivo para a entrada, saída e como memória do autômato, sendo dividida em células onde são armazenados somente um símbolo por vez.

O funcionamento da máquina de Turing é feito baseado na função de transição, a qual comanda a leitura, gravação, o sentido de movimento do cabeçote de leitura e o estado da máquina.

Outro ponto importante é que a fita indica quais são as células vazias, para isto utilizando um símbolo que não pertença ao alfabeto da gramática a ser reconhecida pelo autômato. Vamos adotar o símbolo $B$ como representação da célula em branco. Na figura 1 vemos uma representação da máquina de Turing com cabeçote de leitura da fita de entrada e com os espaços em branco:

Figura 1: Representação da Máquina de Turing

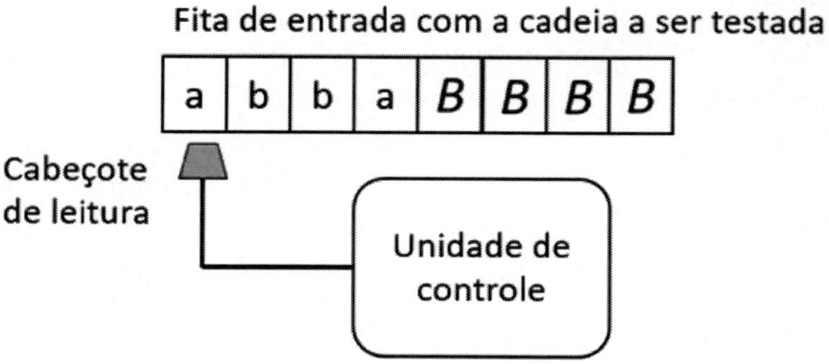

Fita de entrada com a cadeia a ser testada

| a | b | b | a | *B* | *B* | *B* | *B* |
|---|---|---|---|---|---|---|---|

Cabeçote de leitura

Unidade de controle

Fonte: Autoria própria

Podemos definir uma Máquina de Turing com:

$T = (Q, \Sigma, \Gamma, \delta, q_0, F)$

Onde temos:

$Q$ = *conjunto de estados finitos;*

$\Sigma$ = *alfabeto finito de entrada;*

$q_0$ = *estado inicial;*

$F$ = *conjunto dos estados finais, de aceitação;*

$\delta$ = *regras de produção, as funções de transição de estados;*

$\Gamma$ = *alfabeto finito que pode ser lido ou gravado na fita.*

### 6.2.1. Funcionamento da Máquina de Turing

Podemos descrever a máquina de Turing como um controle de estados finitos com a capacidade de armazenamento externo utilizando uma fita infinita que pode ser estendida infinitamente para a direita e para a esquerda.

Na figura 1 vimos que a fita é separada em células, os quais podem estar em branco, representados pelo símbolo *B*, ou podem conter qualquer símbolo existente no alfabeto finito $\Sigma$.

A unidade de controle acessa a fita através do cabeçote de leitura/escrita, este cabeçote está percorrendo cada célula da fita estando em um estado, conforme o estado em que se encontra e o símbolo lido na fita, a unidade de controle irá:

1. Entrar em um novo estado, existente no conjunto de estados finitos;
2. Sobrescrever um símbolo na célula lida, podendo ser o mesmo símbolo já existente na célula ou sobrescrever utilizando o símbolo *B*, com isto apagando o símbolo da fita tornando a célula vazia;
3. Movimentar o cabeçote para a célula da esquerda ou para a célula da direita um quadrado, também pode ficar na mesma célula, não realizado nenhum movimento.

O funcionamento de uma máquina de Turing, de sua função de transição, pode ser descrito através de uma quíntupla composta por:

$\delta(q,a) = (p, b, D)$

Onde temos:

*q = estado atual pertencente a Q;*

*a = símbolo lido na fita de entrada*

*p =próximo estado pertencente a Q;*

*b = símbolo que substituirá o símbolo a na fita;*

*D = direção em que a fita se moverá, se para a direita (D) ou esquerda (E).*

Uma questão quanto à função de transição é que esta pode ser não determinística, com isto uma função de transição pode levar para mais de um estado futuro. Podendo ser representado com:

$$\delta(q,a) = \{(p_0, b_0, D_0), \dots (p_i, b_i, D_i)\}$$

Podemos representar o funcionamento considerando a seguinte função de transição: $\delta(q_0,a) = (q_1,c,D)$. Para a compreensão, na figura 2 vemos a interação desta função lendo o símbolo a na posição $q_0$ e então se locomovendo para a direita, sobrescrevendo o símbolo c na posição $q_0$.

**Figura 2: Funcionamento da Máquina de Turing**

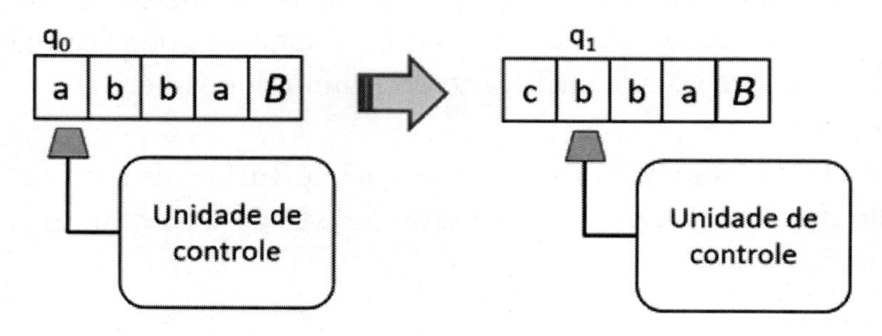


Fonte: Autoria própria

Desta forma conseguimos representar todas as funções de transição indicando como é o funcionamento da máquina de Turing. Por exemplo, para o caso:

Tendo a máquina de Turing $T = (\{q_0, q_1\}, \{a, b\}, \{a, b, \Upsilon\}, \delta, q_0, \{q_1\})$

Com:

$\delta(q_0, a) = (q_0, b, D)$

$\delta(q_0, b) = (q_0, b, D)$

$\delta(q_0, \varepsilon) = (q_1, \varepsilon, E)$

O funcionamento vai ocorrer assim: com $\delta(q_0, a) = (q_0, b, D)$ com a leitura do símbolo a, a Máquina de Turing vai sobrescrever o símbolo b e se movimentar uma célula para a direita mantendo o mesmo estado.

Depois, com a próxima função de transição $\delta(q_0, b) = (q_0, b, D)$ vai ser lido o símbolo b, então a máquina vai sobrescrever com o mesmo símbolo b e se locomover uma célula para a direita, permanece no mesmo estado.

Por fim, na última função de transição $\delta(q_0, \varepsilon) = (q_1, \varepsilon, E)$ a máquina vai ler o símbolo branco (*B*), sobrescreverá o símbolo B e irá se mover uma célula para a esquerda, alterando para o estado $q_1$, que é o estado final, com isto finalizando o processo.

Podemos representar a função de transição em um grafo, considerando a seguinte função:

$\delta(p,a) = (q, b, D)$

Vemos a representação vista na figura 3:

Figura 3: Função de transição da Máquina de Turing

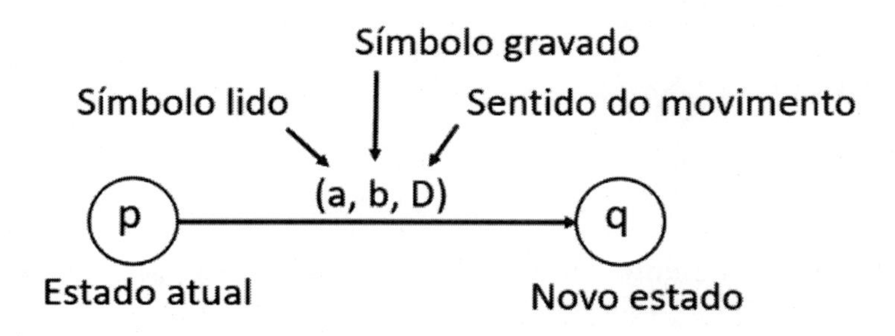


Fonte: Autoria própria

Assim, por exemplo, para a linguagem L1 = {$0^n1^n$ com n >= 0} podemos desenvolver a seguinte máquina de Turing, para isto podemos utilizar a tabela com as mudanças de estados:

| δ | 0 | 1 | A | X | *B* |
|---|---|---|---|---|---|
| $q_0$ | ($q_1$, A, D) | | | ($q_3$, X, D) | ($q_4$, B, D) |
| $q_1$ | ($q_1$, 0, D) | ($q_2$, X, E) | | ($q_1$, X, D) | |
| $q_2$ | ($q_1$, 0, E) | | ($q_0$, A, D) | ($q_2$, X, E) | |
| $q_3$ | | | | ($q_3$, X, D) | ($q_4$, B, D) |
| $q_4$ | | | | | |

O resultado desta tabela de transições gera o diagrama da Máquina de Turing conforme visto na figura 4, este diagrama apresenta as mudanças de estado além dos símbolos lidos e sobrescritos na fita e a direção do movimento da unidade de leitura/escrita.

**Figura 4: Diagrama da Máquina de Turing**

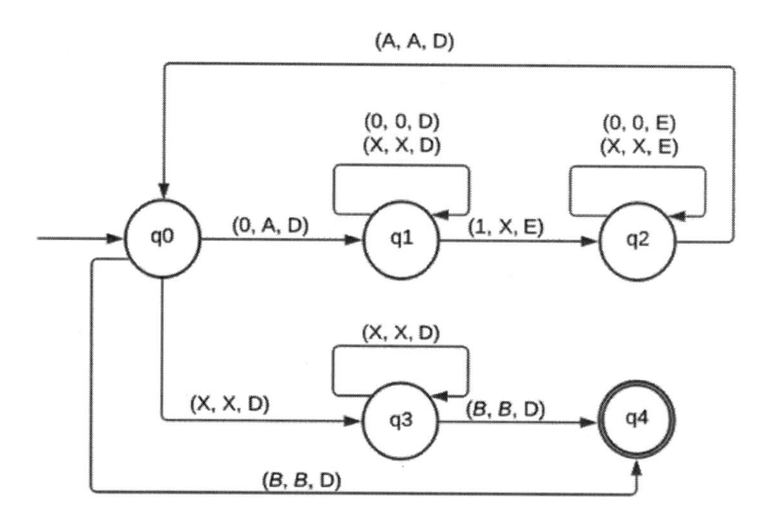


Fonte: Autoria própria

## 6.3. AUTÔMATO LINEARMENTE LIMITADO

O reconhecedor das linguagens sensíveis ao contexto é através do uso de autômatos linearmente limitados, também chamados de máquina de Turing com memória limitada, sendo máquinas de Turing não determinísticas.

Dizemos que são autômatos limitados porque possuem como restrição que a unidade de leitura/escrita só pode se mover no espaço ocupado pela fita de entrada, ou seja, a unidade de leitura/escrita não pode se movimentar para alguma célula que não foi ocupada por algum símbolo da cadeia de entrada original.

A modificação necessária para que os autômatos reconheçam as linguagens sensíveis ao contexto que não sejam linguagens livres de contexto se encontra no movimento do leitor do cabeçote da fita, que pode mover-se para a esquerda ou para a direita.

Outra mudança é que seja possível tanto ler quanto escrever a fita que está ocupada com a cadeia de entrada.

Podemos descrever o funcionamento do Autômato linearmente limitado da seguinte forma, no início a cadeia de entrada é colocada na fita e todas as outras células que não foram ocupadas pela cadeia possuem um símbolo especial indicando que estão em branco, o *B*.

O cabeçote de leitura se posiciona na célula mais à esquerda que contém a cadeia de entrada.

O autômato se movimenta em função do estado do controle finito e também do símbolo atual da fita. Quando realiza um movimento o autômato poderá mudar de estado ou manter o mesmo, gravar um símbolo de fita na célula atual, com isto substituindo o que se encontra na fita.

Esta substituição do símbolo pode ocorrer trocando o símbolo por ele mesmo. Por fim, se for preciso, irá movimentar o cabeçote de leitura para uma célula ou à esquerda ou à direita da fita.

Quanto à limitação do movimento, podemos assumir que a fita de entrada da máquina de Turing é limitada à esquerda pelo símbolo < e à direita pelo símbolo >. Com isto considerando que estes são símbolos que não podem ser sobrescritos e que o cabeçote da unidade de leitura/escrita não pode se mover sobre eles.

A representação do autômato linearmente finito é similar a representação do autômato com pilha, só que enquanto no autômato com pilha apresentávamos o Γ como o alfabeto finito da pilha, neste autômato este símbolo representa o alfabeto finito da fita, que é a fita onde fica registrado a cadeia de entrada e possui os símbolos de célula vazia, também devem ser informados quais são os símbolos limitadores à direita e à esquerda, assumindo limite à esquerda como < e limite à direita como >, assim temos:

$M = (Q, \Sigma, \Gamma, \delta, q_0, <, >, F)$

Nestas situações os autômatos linearmente limitados conseguem reconhecer todas as linguagens sensíveis ao contexto.

### 6.3.1. Execução do Autômato linearmente Limitado

Para compreender o funcionamento do autômato linearmente limitado, vamos exemplificar seu funcionamento considerando a linguagem sensível ao contexto que reconheça gramáticas do tipo $0^*1^*$.

Neste caso o autômato deve reconhecer cadeias como:

*01*

*00011*

*011*

A quantidade de zeros e de uns não precisa ser igual, porém a ordem com que aparece deve ser sempre um zero precedido por um 1. Nosso autômato deve ser assim representado:

$M = (Q, \Sigma, \Gamma, \delta, q_0, <, >, F)$

Com:

$Q = \{q_0, q_1, q_f\};$

$\Sigma = \{0, 1\};$

$\Gamma = \{0, 1\};$

$q_0 = q_0$;

$F = \{q_f\}$;

$\delta = \{$

$(q_0, 0) \rightarrow (q_0, 0, D)$,

$(q_0, 1) \rightarrow (q_1, 1, D)$

$(q_0, >) \rightarrow (q_f, >, E)$

$(q_1, 1) \rightarrow (q_1, 1, D)$

$(q_1, >) \rightarrow (q_f, >, E) \}$

Na figura 5 vemos o diagrama representando este autômato linearmente limitado.

**Figura 5: Diagrama do Autômato Linearmente Limitado**

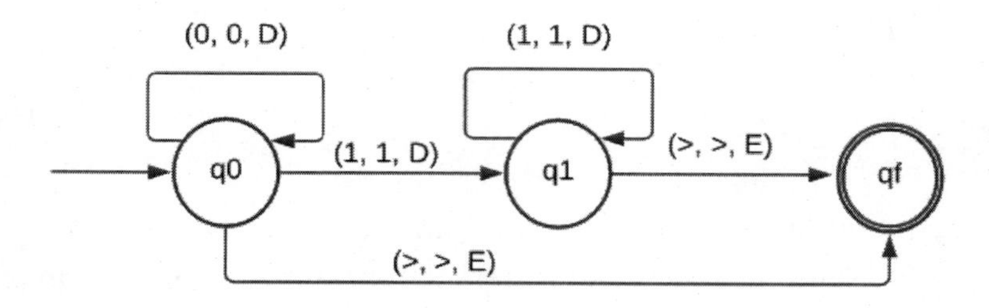


Fonte: Autoria própria

Podemos representar seu funcionamento como reconhecimento da cadeia 00111. Neste caso temos as seguintes movimentações:

$(<, q_0, 00111 >) \rightarrow (< 0, q_0, 0111 >) \rightarrow (< 00, q_0, 111 >) \rightarrow (< 001, q_1, 11 >) \rightarrow (< 0011, q_1, 1 >) \rightarrow (< 00111, q_1, >) \rightarrow (< 0011, q_f, 1 >)$

Quando chega na função $(< 0011, q_f, 1 >)$ não existe mais uma movimentação que possa ocorrer, com isto a máquina para de se movimentar e como se encontra no estado final a cadeia é reconhecida.

Vamos testar a cadeia 010, neste caso temos:

$$(<, q_0, 010 >) \rightarrow (< 0, q_0, 10 >) \rightarrow (< 01, q_1, 0 >)$$

Neste caso quando chega em $(< 01, q_1, 0 >)$ não existe nenhum movimento que possa ser feito. A máquina para e não se encontra em um estado final, com isto a cadeia é rejeitada.

## 6.4. CONCLUSÕES

Linguagens sensíveis ao contexto apresentam uma mudança na forma como o autômato acessa a fita de entrada, com isto permitindo ler e escrever na fita e identificando espaços em branco.

Estas alterações evolutivas propiciaram no reconhecimento de diversas novas gramáticas que não poderiam ser reconhecidas pelos modos anteriores, pelo autômato finito e pelo autômato com pilha.

A importância disto é que conforme vamos percorrendo a hierarquia de Chomsky, vamos verificando novas formas de gramática que conseguem atender as características dos níveis inferiores, ou seja, uma linguagem sensível ao contexto consegue reconhecer uma gramática regular e uma gramática livre de contexto, porém o inverso não ocorre.

No próximo capítulo finalizaremos as classificações de linguagem conhecendo as linguagens recursivamente enumeráveis e a Máquina de Turing Universal, o autômato que consegue reconhecê-las.

# 7. COMPUTABILIDADE

O conjunto das linguagens regulares, linguagens livres de contexto e linguagens sensíveis ao contexto são consideradas como as linguagens formais, podendo ser reconhecidas por autômatos finitos, autômatos com pinha e autômatos linearmente limitados, respectivamente.

A hierarquia proposta por Chomsky considera mais um tipo de linguagem denominado de tipo 0 e que reconhece as gramáticas irrestritas ou recursivamente enumeráveis.

Esta gramática considera qualquer regra de produção sem apresentar restrições quanto ao formato das sentenças geradas.

Neste capítulo conheceremos este último tipo de gramática compreendendo os seus principais conceitos e aplicações, além de um ponto muito relevante para a teoria da computação, a da Máquina de Turing Universal.

## 7.1. DEFININDO A COMPUTABILIDADE

A evolução dos autômatos até termos a Máquina de Turing seguiu uma linha de pensamento em que se considerava que estes autômatos conseguiriam apenas reconhecer determinadas gramáticas.

Porém outra finalidade que foi identificada é a de que estes dispositivos conseguem computar funções numéricas, ou seja, conseguem apresentar funções computáveis.

O conceito de programa é que este seja um conjunto estruturado de instruções que consigam capacitar uma máquina a aplicar de forma sucessiva operações básicas e que possuem uma estrutura de controle.

Quanto à estrutura, esta pode ser:

- Monolítica: um único bloco de comando, por exemplo, se X vá para Y, caso contrário vá para Z;
- Iterativa: Verificar uma variável. Por exemplo, enquanto X faça Y;
- Recursiva: Temos X recursivo se tivermos uma situação como se T então temos M, senão v, sendo v uma operação vazia.

Máquina, conforme visto na proposição da Máquina de Turing, é um reconhecedor de operações e testes, onde as operações resultam no registro de uma informação na memória e os testes são a verificação de uma função verdade.

Por fim, computação é o histórico de todas as instruções de um programa que são executadas em uma máquina.

Compreendendo os conceitos, podemos formular que a função computável é a computação de um programa relacionado com a entrada e sua saída correspondente sendo está obtida em um tempo finito.

Esta computação utiliza algoritmos para ser executada, sendo que os algoritmos são uma sequência finita de instruções simples que conseguem realizar uma tarefa, assim apresentando a solução de um problema de forma finita e não ambígua e que consegue ser executada em um tempo finito.

Assim sendo, a definição de função computável é que existe um algoritmo que consegue calcular os valores de saída considerando os valores de entrada. Considerando esta definição temos que, caso exista um algoritmo que consiga atender a um problema então este problema é computável, caso contrário o problema é não computável.

Neste ponto podemos separar os problemas em dois tipos, os que são solucionáveis, sendo assim computáveis, e os demais que não são solucionáveis, com isto sendo não computáveis ou insolúveis.

## 7.2. HISTÓRIA DA COMPUTAÇÃO

Para compreender o surgimento da computação é importante conhecer os problemas apresentados na época e suas motivações em encontrar uma solução.

O alemão David Hilbert propôs em 1920 o Programa de Hilbert, este programa tinha como objetivo formalizar toda a matemática seguindo os seguintes requisitos:

- Que toda afirmação pudesse ser verificada se era verdadeira ou falsa;
- Que toda afirmação tivesse um único resultado de verificação, ou seja, que nenhuma afirmação pudesse ser demonstrada como verdadeira e como falsa.

Posteriormente, em 1928, Hilbert acrescentou mais um requisito, o qual dizia que o algoritmo deveria encontrar um ponto de decisão para dizer se é possível demonstrar a proposição considerando os axiomas do sistema.

Para David Hilbert este problema tinha solução, ou seja, existia um algoritmo que o solucionaria. Este problema foi intitulado como *Entscheidungsproblem*, em tradução livre: problema de decisão.

Destes três requisitos, dois foram demonstrados incorretos por Kurt Godel, em 1931. Godel conseguiu demonstrar que qualquer sistema axiomático não poderia ser completo e consistente ao mesmo tempo. Outro ponto demonstrado é que não se pode provar que um sistema de axiomas é consistente utilizando o próprio sistema.

Em 1935, quando Alan Turing estava em Cambridge e estudou sobre *Entscheidungsproblem* e os propostos por Godel, acreditou que Hilbert estava errado quando considerava que um algoritmo de decisão sempre deveria existir.

Para Turing alguns problemas poderiam ser indecidíveis, ou seja, sem solução. Para comprovar sua afirmação, Turing precisava encontrar um problema indecidível. Porém naquela época não era consolidado a definição do que era um algoritmo.

Para conseguir provar sua teoria sobre os problemas indecidíveis, Turing primeiro precisaria formalizar o que era um algoritmo, e deste estudo surgiu o modelo de computação.

O resultado de seus estudos foi publicado em 1936 no artigo "*On computable numbers, with an application to the Entscheidungsproblem*". Através de seus estudos para compreender a computação realizada pelos seres humanos e sua conversão para um dispositivo chegou à conclusão que qualquer computação feita por uma pessoa pode ser separada em sequências de etapas simples, os quais podem ser integrados em uma máquina.

Turing também apresentou neste artigo a Máquina de Turing Universal, pois para Turing não era preciso ter uma máquina diferente para cada problema, mas sim uma máquina mais genérica.

Por fim, Turing conseguiu demonstrar que existem problemas que não poderiam ser solucionados utilizando sua máquina, assim concluindo que estes problemas são indecidíveis.

Apesar de Turing ter demonstrado que a proposta de Hibert era falha, com isto indicando que nem sempre para todo um problema teremos um algoritmo que consiga solucioná-lo. Porém fica a questão, como comprovar que se para um determinado problema não existir uma Máquina de Turing que consiga resolvê-lo, então este problema é indecidível?

A questão é, existe algum modelo de computação mais poderoso que a Máquina de Turing? Isto porque conforme visto nos capítulos anteriores, quando um autômato finito não conseguia reconhecer uma gramática utilizava um autômato com pilha, o mesmo quando o autômato com pilha não conseguia reconhecer a gramática adotava o autômato linearmente limitado. Então como garantir que a Máquina de Turing é o modelo mais efetivo existente?

Em 1936 Alonzo Church apresentou um mecanismo conhecido como λ-calculus ou cálculo lambda para definir o que é um algoritmo. Sua proposta era a de que o λ-calculus obtinha todas as funções que fossem computáveis, inclusive Godel elaborou a teoria de funções μ–recursivas e estas eram equivalentes com a proposta de Church.

Em seu artigo, Turing utilizou o proposto por Church, do λ-calculus, demonstrando que eram equivalentes à Máquina de Turing. Como as duas apresentações eram equivalentes então foi definido uma relação entre a noção informal do que é um algoritmo e sua definição precisa.

Em 1937 existiam três formas equivalentes para definir um algoritmo, no caso pesquisadores da computação adotavam as máquinas de Turing enquanto que matemáticos adotavam as funções recursivas de Godel.

## 7.3. TESE DE CHURCH-TURING

Conforme apresentado por Alonzo Church, o λ-calculus definia o que era um algoritmo e este era equivalente ao da Máquina de Turing. Desta forma foi elaborada a tese de Church-Turing, que diz que:

Existindo uma função computável, esta pode ser representada e assim computada através de uma Máquina de Turing Universal, ou seja, se o algoritmo puder ser executado por meios mecânicos, então pode ser executado por uma máquina de Turing.

O principal motivo é que a Máquina de Turing é muito flexível, podendo simular diversas computações, isto porque a máquina de Turing é o modelo algorítmico mais geral existente.

Para isto temos que nenhuma modificação proposta para as máquinas de Turing conseguiram aumentar seu poder. Além disto, as gramáticas irrestritas possuem equivalente em Máquinas de Turing.

## 7.4. MÁQUINA UNIVERSAL DE TURING

A Máquina Universal de Turing consegue representar qualquer algoritmo como um programa na máquina, além do que qualquer modificação ou recurso adicional não a tornaram mais poderosa. Apesar da computação adotar a Máquina de Turing, existem outras máquinas universais tais como o Cálculo Lambda e as Funções recursivas.

Um ponto importante quanto às máquinas de Turing são referentes ao seu potencial computacional. Podemos desenvolver uma máquina de Turing que consiga simular qualquer outra máquina de Turing.

Podemos representar o funcionamento da máquina de Turing universal da seguinte forma, é um dispositivo que possui uma fita perfurada com comprimento infinito, está fita possui o preenchimento de símbolos com intervalos regulares onde os símbolos pertencem a um conjunto finito de símbolos.

A máquina possui um ponteiro que funciona como um marcador apontando a posição em que a máquina se encontra, esta posição é um estado em que a máquina pode estar, estes estados fazem parte de um conjunto finito de estados.

Em cada movimento a unidade de controle da máquina lê o símbolo existente na fita em uma determinada posição. Conforme o símbolo lido e a posição em que a máquina se encontra, ela determina um novo símbolo para sobrescrever o lido e se movimenta pela fita conforme indicado pelo estado atual. Este movimento do ponteiro pode ser tanto para a direita quanto para a esquerda ou mesmo parar de se movimentar.

A máquina de Turing é composta então por quatro elementos principais:

- Uma unidade de controle que contivesse um cabeçote de leitura e escrita. Este cabeçote consegue ler o símbolo da fita e pode se movimentar tanto para a direita quanto para a esquerda;
- Uma fita separada em células adjacentes. Cada célula pode conter um símbolo existente no alfabeto ou um símbolo especial identificando um espaço vazio, em branco;
- Um dispositivo onde ficassem registrados os estados da máquina, estes estados teriam uma quantidade finita e possuiriam um estado inicial onde a máquina iniciasse sua operação;
- Uma tabela de ações na qual se encontrariam quais os movimentos e estados que a máquina deveria seguir

conforme o símbolo lido e o estado em que se encontra. Caso ocorra de não existir uma combinação entre o símbolo lido e o estado em que a máquina se encontra, então ela consideraria o programa concluído e iria parar.

## 7.5. PROBLEMAS COMPUTÁVEIS E NÃO COMPUTÁVEIS

Os problemas computáveis são aqueles em que existe um algoritmo que consiga solucioná-los. Neste caso os problemas não computáveis não possuem algoritmo que os resolva.

Como exemplo podemos mencionar um problema em que se deseja identificar se dois programas são equivalentes ou se duas gramáticas livres de contexto são equivalentes.

É importante ressaltar que tamanho de memória principal ou tempo gasto na execução não são questões relacionadas à computabilidade, então não podem ser utilizados como critérios para definir se um problema é ou não computável.

Existem pesquisas para identificar a computabilidade de um problema, para isto temos algumas técnicas, sendo as principais:

- Máquina de Post;
- Máquina com Pilhas;
- Máquina de Turing.

Todas estas máquinas não possuem limitações de memória principal ou tempo de execução ou qualquer barreira física para sua execução, assim sendo podem ser utilizadas para identificar a veracidade de um algoritmo conseguir resolver um problema.

#### 7.5.1.1. *Problemas insolúveis*

Podemos classificar a solucionabilidade de problemas em quatro tipos:

- Problemas solucionáveis: existe uma máquina de Turing (algoritmo) que consiga resolver o problema de tal forma que para qualquer entrada consegue retornar a reposta de aceite (afirmativa) ou de rejeição (negativa);
- Problemas não-solucionáveis: estes problemas não possuem uma máquina Universal que consiga resolver o problema, este algoritmo sempre para qualquer entrada;
- Problemas Parcialmente Solucionáveis ou Computáveis: existe uma máquina universal que, quando a resposta for afirmativa, sempre para. Porém caso a resposta seja de rejeição então o algoritmo pode parar ou continuar processando por tempo indeterminado, entrando em *loop*.
- Problemas Completamente Insolúveis ou Não-computáveis: não existe uma máquina universal que consiga resolver o problema e que sempre para quando a resposta é aceita.

Os problemas insolúveis ou não computáveis são aqueles em que não existe um algoritmo que consiga resolvê-los. Não existe uma Máquina Universal que consiga solucioná-los, independente da entrada que receber, o algoritmo sempre irá finalizar sem ser em um estado final.

Os motivos para os quais os problemas insolúveis serem estudas se referem a verificação das limitações e capacidades dos computadores, além de verificar se um problema é ou não resolvido computacionalmente, e caso não seja, evitar o seu estudo na busca de uma solução.

Como exemplo de problemas não-solucionáveis podemos mencionar o problema de parada, que ocorre quando temos um programa e uma entrada e não existe um algoritmo genérico que consiga verificar se uma entrada resultada na parada do programa ou não, com isto entrado em círculos, aguardando um critério de parada que nunca irá ocorrer.

Também temos os casos em que temos reconhecedores que podem ser equivalentes, não existe nenhum algoritmo genérico que consiga verificar se dois reconhecedores de uma linguagem livre de contexto são ou não iguais.

## 7.6. CONCLUSÕES

O surgimento da teoria da computação é muito mais complexo, pois o mesmo está relacionado com propostas matemáticas que precisavam ser atendidas de forma a satisfazer corretamente suas definições.

Neste ponto, a problemática de Hilbert pode ser considerada um percussor na ideia do pensamento computacional, onde fosse possível elaborar algoritmos que conseguissem resolver problemas de forma consistente.

Apesar da solução apresentada por Alan Turing referente a máquina universal que conseguisse resolver problemas não ser única, ela é considerada a mais simples existente, com isto o seu uso e aplicação se mostrou muito válido ao longo dos anos.

A compreensão de que existem problemas que podem ser solucionados e outros que não podem é um facilitador por indicar antes do início do desenvolvimento se aquela problemática pode ser respondida.

No próximo capítulo iremos nos aprofundar com as características da decidibilidade e os problemas indecidíveis.

# 8. DECIDIBILIDADE

A importância de se identificar se um problema é ou não decidível é otimizar o tempo de elaboração evitando o trabalho em situações que não possuem solução.

Conforme vimos, a tese de Church-Turing indica que, se um problema é computável, então ele pode ser implementado através de uma máquina de Turing. Neste sentido, podemos utilizar esta tese para identificar quais problemas podem ou não ter solução.

Associado ao problema da decidibilidade podemos visualizar a tese com as seguintes características:

Para os problemas de decisão, quando estes podem ser resolvidos, então podem ser implementados em uma Máquina de Turing que apresenta a sua solução.

Assim sendo, para demonstrar que um problema não tem solução basta demonstrar que não existe uma máquina de Turing que consiga resolvê-lo. Quando um problema de decisão não possui solução, então este problema é insolúvel.

Ao longo deste capítulo iremos nos aprofundar nestas questões da decidibilidade e dos problemas sem solução.

## 8.1. PROBLEMAS DECIDÍVEIS

A definição de um problema de decisão é que são questões existentes em um sistema formal onde a resposta esperada pode ser do tipo sim ou não. Podemos exemplificar com o seguinte problema: dado um número x, este número é par?

Outro exemplo, sendo dois números, x e y, x é divisível por y? Com isto demonstrando que os problemas não precisam ser simples, porém sua resposta sempre deve ser taxada com um positivo ou negativo para a pergunta.

Considerando a tese de Church-Turing, então para todo problema de decisão que seja possível solucionar, deve-se existir uma máquina de Turing que o atenda. Para isto conforme o problema, se a resposta esperada for sim, então a máquina deve parar em um estado final, caso contrário deve parar em um estado não final.

Como temos uma máquina de Turing, para conseguir solucionar um problema de decisão precisamos inicialmente definir qual devem ser as funções de transição existentes nesta máquina que, tendo um alfabeto $\Sigma$ apresente o resultado esperado.

Neste caso, para cada entrada da máquina deve existir uma cadeia deste alfabeto que a represente, onde cada cadeia deve representar somente uma entrada. Com isto temos que para cada cadeia gerada pela gramática deve ser possível determinar se ela é reconhecida ou não, então temos um problema de decisão.

Podemos exemplificar como seria a construção das regras para elaborar a máquina de Turing com o seguinte exemplo: Verificar se o número de entrada x é não negativo e par.

Para resolver este problema podemos construir o seguinte algoritmo:

1. Receber x;
2. Verificar se $x < 0$ então para e diz que não;
3. Verificar se $x = 0$ então para e diz que sim;
4. Diminuir o valor de x em 2 unidades (subtrair 2 de x);
5. Ir para o passo 2.

Este formato de construção do algoritmo é muito prático, pois permite acompanhar o fluxo dos dados e compreender os pontos que devem ser atendidos para que o retorno da decisão seja sim ou não.

Para um problema ser decidível o tempo de execução para apresentar a resposta também deve ser finito, ou seja, a máquina deve executar em um tempo mensurável, não ilimitado. Na decidibilidade o importante é verificar se o problema possui ou não resposta, o tempo de execução é tratado na Complexidade computacional.

Como exemplo de um problema decidível podemos ter o seguinte, determinar quais equações da forma $x^2 - cy^2 = 1$, onde c é um número inteiro positivo.

## 8.2. LINGUAGENS RECURSIVAS

A definição de uma linguagem recursiva é quando existir uma máquina de Turing que aceita todas as cadeias de entrada relacionadas a uma linguagem L e não reconhecerá todas as cadeias que não estiverem em L.

Desta forma quando a cadeia pertencer à linguagem a máquina irá parar em um estado final, e caso não pertença, irá parar em um estado qualquer que não seja final.

Neste ponto, podemos dizer que a linguagem L é decidível se for uma linguagem recursiva, e assim todas as linguagens recursivas são, portanto, problemas decidíveis.

Como exemplo de linguagens recursivas podemos citar:

*$0^n 1^n$ com n maior ou igual a zero.*

*$a^n b^n c^n$ com n maior ou igual a zero.*

## 8.3. LINGUAGENS RECURSIVAMENTE ENUMERÁVEIS

Podemos dizer que uma linguagem L é recursivamente enumerável quando temos uma máquina de Turing que reconhece, e assim para em um estado final, todas as cadeias de entrada que se encontram em L.

Porém, ao contrário das linguagens recursivas, elas podem ou não parar em um estado qualquer quando recebem uma cadeia que não esteja em L. Todas as linguagens recursivamente enumeráveis são linguagens recursivas, porém o contrário não é verdade.

Podemos dizer que a linguagem recursivamente enumerável apresenta o conjunto de todas as linguagens que podem ser reconhecidas por uma máquina de Turing em um tempo finito.

Este tipo de linguagem não apresenta restrições para o uso de sua gramática, tendo gramáticas irrestritas. Assim podemos afirmar que se L é uma linguagem deste tipo, então existe uma máquina de Turing que reconhece L e que, quando entrar com uma cadeia que a máquina não reconheça esta pode parar e rejeitar a cadeia ou então continuar processando por tempo infinito, entrando em *loop*.

Como exemplo de linguagens recursivamente enumeráveis podemos citar:

*$0^n 1^n$ com n maior ou igual a zero.*

*$a^n b^n c^n$ com n maior ou igual a zero.*

*$a^i b^j c^k$ com i igual a j ou j igual a k.*

Algumas propriedades das linguagens recursivas e recursivamente enumeráveis são, seja L uma linguagem recursiva, o seu complemento também é recursivo.

Uma linguagem é recursiva se e somente se a linguagem e seu complemento são linguagens recursivamente enumeráveis.

## 8.4. PROBLEMAS INDECIDÍVEIS

Um problema de decisão é indecidível quando não existe uma máquina de Turing que consiga resolvê-la. Ou seja, que para toda cadeia pertencente a uma linguagem L, consiga decidir se a cadeia w pertence ou não a linguagem parando em um estado final quando sim e em um estado não final quando não pertence.

Como exemplo de problemas indecidíveis temos a determinação se dois algoritmos são equivalentes, determinar se uma gramática livre do contexto é ambígua e determinar se duas gramáticas livres do contexto são equivalentes.

### *8.4.1.1. Problema da parada*

A definição do problema da parada é que, sendo M uma máquina de Turing genérica, e w uma entrada qualquer, quando M executa para reconhecer a entrada w ela não para.

No caso da entrada, uma máquina de Turing deve apresentar dois comportamentos esperados conforme a cadeia que recebe. No primeiro caso a máquina deve realizar o processamento da cadeia de entrada e parar em um tempo finito, apresentando como resposta sim ou não para aquela cadeia.

Já em outra situação, a máquina de Turing recebe a cadeia, porém conforme o algoritmo proposto e implementado nela, a máquina entra em um estado de repetição em que fica aguardando uma resposta que nunca virá. Deste modo a máquina não para.

Caso o problema da parada fosse decidível, então toda linguagem recursivamente enumerável seria uma linguagem recursiva, com isto podemos dizer que o problema da parada é indecidível.

Podemos representar o problema da parada com o seguinte exemplo:

Temos um algoritmo referente a um problema de decisão que recebe como entrada a cadeia P. Temos duas funções, uma chamada Parada, que recebe a cadeia e quais são os estados finais e outra chamada Confusão, que recebe Caso P pare em um estado final então a resposta é Sim. Caso contrário a resposta é Não.

#### *8.4.1.2. Problema da parada em uma fita em branco*

O caso do problema da parada em fita em branco ocorre quando temos uma máquina de Turing M e queremos identificar se M para quando recebe como entrada uma fita em branco.

Nestes casos a máquina fica em um estado de *loop,* pois não encontra um símbolo de entrada que possa interpretar e neste caso a máquina não sabe como definir o estado futuro.

## 8.5. REDUTIBILIDADE

O princípio da redutibilidade, ou redução, é investigar a solubilidade de um problema considerando outro problema mais simples cuja solução é conhecida.

Podemos definir que um problema de decisão A é redutível a um problema de decisão B quando existe um algoritmo B' que, ao receber como entrada a cadeia x apresenta um resultado y, e existindo um algoritmo A' que resolve A, quando este algoritmo A' recebe a mesma entrada x, o resultado apresentado ou é o mesmo de B' ou é complementar. Desta forma podemos utilizar o algoritmo B' para reduzir o problema A ao problema B.

A redução simplifica a resolução de problemas, tornando-os mais simples de serem implementados.

Para isto temos então dois problemas de decisão, o problema A, que não se sabe a solução, e o problema B cuja solução é conhecida. No caso em que seja possível reduzir A de forma com que ele se porte como um problema B, podemos analisá-lo quanto à possibilidade de solução.

Caso A seja um problema não-solucionável e se foi possível reduzir A para que ele atue como se fosse B, então B também é um problema não solucionável. Já caso B seja solucionável e como A é parte de B, então conclui-se que A é um problema solucionável também.

Podemos considerar o seguinte exemplo de redutibilidade, obter-se a área de um determinado retângulo. Este é o problema completo e sua redução pode ser obter a base e a altura do retângulo, por exemplo.

Note que a redução não alterou o problema, mas sim simplificou o que é preciso fazer para conseguir atendê-lo.

A redutibilidade é utilizada para definir se um problema é decidível ou não, sendo indecidível. Para isto vamos verificar se A é indecidível. Para verificar isto devemos fazer o seguinte:

Considerar que A é decidível, com isto deve existir uma máquina de Turing M que resolva A. Então devemos utilizar esta máquina M de A para construir outra máquina de Turing N que resolva o problema B, sendo B redução de A e com B indecidível.

Nisto temos uma contradição, pois como B é redução de A ambos devem ser decidíveis ou indecidíveis. Assim M não pode existir.

Esta é uma característica importante da redutibilidade, a de auxiliar na identificação de problemas decidíveis e indecidíveis. Caso um problema P seja redutível, então ele é de decidível.

Também temos que, seja P um problema indecidível, caso ele seja reduzido então sua redução também será indecidível.

## 8.6. TEOREMA DE RICE

O Teorema de Rice se refere a que qualquer conjunto de cadeias pertencentes de um subconjunto próprio das funções parciais recursivas que não seja vazio é indecidível. O motivo pelo qual o Teorema de Rice trata diretamente dos índices de funções em vez das funções propriamente ditas ficará claro mais adiante.

Considere o seguinte, tendo um conjunto de linguagens recursivamente enumeráveis ao qual chamamos de propriedade. Por exemplo, o conjunto de linguagens livres do contexto é chamado de propriedade livre do contexto.

Temos então que qualquer propriedade que trate de uma linguagem recursivamente enumerável é indecidível. Neste ponto dizemos que uma propriedade é trivial se esta for vazia ou se for o conjunto de todas as linguagens recursivamente enumeráveis.

Neste conceito quando tratamos da decidibilidade de uma propriedade P estamos nos referindo a linguagem daquela propriedade, por exemplo, $L_P$. Onde a $L_P$ se refere à máquina de

Turing que consegue reconhecê-la, então temos uma máquina M onde L(M) representa a máquina que reconhece a linguagem que pertence à propriedade P.

Conforme o teorema de Rice, temos que toda propriedade não trivial sobre uma linguagem recursivamente enumerável é indecidível.

Para verificar isto podemos considerar que a linguagem vazia não pertence à propriedade P, e como P é não trivial então deve existir uma linguagem L que pertença a P onde temos uma máquina de Turing $M_L$ que reconhece a linguagem L.

Para conseguirmos provar o teorema podemos fazer uma redução de L' para L. Então o algoritmo de redução recebe o par M e w, com w sendo a cadeia de entrada e deve apresentar uma máquina de Turing M' que possui o mesmo comportamento que $M_L$, ou seja, se $M_L$ reconhece w, então M' também deve reconhecer.

Se tivermos que o conjunto vazio pertence à P, então o complemento de P, chamado de P' são as linguagens recursivamente enumeráveis que não possuem a propriedade P. Desta forma o complemento de P é indecidível.

Neste caso como temos máquina de Turing M que aceitam o complemento das linguagens recursivamente enumeráveis, $L_{P'}$, então temos uma linguagem que seja $L_{P'}$. Para isto temos um conjunto de algoritmos M que reconhecem a linguagem complementar de P.

Portanto, se $L_P$ é decidível então $L_{P'}$ também deve ser.

## 8.7. CONCLUSÕES

A hierarquia de Chomsky é bem completa, iniciando o formalismo com as linguagens regulares e conforme vai se ampliando chegamos às linguagens recursivamente enumeráveis.

Cada variação da linguagem apresenta uma gramática com regras de produção mais refinadas, exigindo que os mecanismos que possam reconhecer se uma determinada cadeia pertence ou não à linguagem seja cada vez mais evoluído e com potencial computacional ampliado.

Um autômato finito determinístico possui como limitação que não consegue reconhecer linguagens livres de contexto, porém uma máquina de Turing consegue reconhecer todas as linguagens existentes.

Neste ponto é importante compreender então que nem todo problema apresenta uma solução, sendo indecidíveis. É importante reconhecer estes tipos de problema para evitar um trabalho que seja desnecessário. No tratamento da decidibilidade não consideramos o tempo de execução, apenas que este seja finito.

No próximo capítulo iremos nos aprofundar na complexidade dos problemas compreendendo a importância que devemos dar quanto ao tempo necessário para que seja emitido uma resposta.

# 9. COMPLEXIDADE COMPUTACIONAL

Conforme os programas e algoritmos são elaborados, as máquinas de Turing podem ser implementadas para que consigam atendê-los, desde que os problemas sejam decidíveis.

Neste ponto identificamos situações em que os problemas não podem ser resolvidos, sendo insolucionáveis e, portanto, indecidíveis. Nestes casos é importante saber que o problema não possui solução antes de investir um tempo tentando encontrar sua solução.

Para os problemas solucionáveis, a questão tempo era um fator relevante, porém não crucial, sendo tratado como um tempo de execução obrigatoriamente finito.

Neste capítulo final vamos compreender que, mesmo que um problema possua solução e possa ser executado em tempo finito, sua complexidade é diferente. Existem problemas mais simples, que podemos implementar e executar em um tempo razoável e outros problemas que, apesar de serem resolvíveis, o tempo de execução é demasiado grande, inviabilizando seu desenvolvimento.

## 9.1. DEFININDO A COMPLEXIDADE

Identificar se um problema tem solução ou não é a primeira etapa para definir se podemos implementá-lo. Depois é preciso compreender quanto tempo de execução será necessário para obter a resposta esperada.

Consideramos um tempo finito aquele que indica que o tempo de execução é findável, ou seja, que o programa será executado até um determinado momento e então irá finalizar, independentemente do tempo de execução.

Porém existem muitos problemas cujo tempo de execução são muito grandes, com isto apesar de indicarmos que o tempo é mensurável, o fato de demorar muito torna o mesmo inviável.

Existem outros meios para verificar a complexidade de um algoritmo, porém o tempo é considerado o principal porque, para qualquer execução de um problema, além da resposta assertiva, a rapidez com que esta surge é muito relevante. O tempo é um fator que denota a eficiência de um algoritmo.

Porém, para que possamos comparar o tempo de execução de dois problemas diferentes é preciso definir alguns parâmetros comparativos, caso contrário seria inviável definir se um problema é mais rapidamente executado que outro.

Considerando isto, um dos meios utilizados é o tamanho da cadeia de entrada de um problema, ou seja, a quantidade de símbolos existentes. Tendo este valor podemos definir uma função que relacione o tamanho da entrada com o tempo necessário para retornar a resposta.

É importante ressaltar que não está sendo considerado a complexidade do algoritmo que soluciona o problema, mas sim o tempo gasto na sua execução. Desta forma a complexidade é independente da quantidade de estados que os símbolos percorreram durante sua execução.

A complexidade aborda principalmente problemas de decisão, isto porque estes problemas abordam principalmente o reconhecimento de linguagens e podem ser desenvolvidos utilizando máquinas de Turing.

### 9.1.1. Calculando a Complexidade

Para compreender como podemos calcular a complexidade de um determinado problema podemos considerar o seguinte, seja uma linguagem L que tem como base o alfabeto Σ. Referente a esta linguagem temos um problema de decisão p, composto pela trinca p = (D, S, m), onde:

*D - é o conjunto das entradas;*

*S - função que associa a cada entrada E pertencente a D, um conjunto finito S(E) das candidatas de solução para E;*

*m - função que atribui a cada entrada E e a cada candidata σ que pertence a S(E) a um número positivo m (E, σ) que é o valor da solução de σ.*

Vamos considerar então o seguinte problema p = (D, R, q) que tem como solução α, e sejam C o conjunto dos algoritmos que executam α.

Uma forma de analisar a complexidade pode-se identificar uma operação que seja fundamental para a execução do problema e contabilizar a quantidade de operações básicas existentes.

Desta forma, o primeiro passo para calcular a complexidade de um algoritmo a∈C, é na identificação no algoritmo das operações fundamentais e determinar qual é a função que define o tamanho da entrada.

Em algumas situações pode-se identificar mais de uma operação fundamental. Nestas situações deve-se ponderar cada uma, definindo o seu peso para o algoritmo.

Então para solucionar o problema p temos o algoritmo C que, para cada entrada d pertencente a D ocorre sua execução E. Podemos representar por: E(c, d), com c pertencente a C.

Cada execução E vai ter um custo que é definido pelo tamanho da sequência s que considera as operações fundamentais. Também devemos considerar o tamanho da entrada d. Desta forma temos que a complexidade é o resultante da execução com o custo e considerando o tamanho da entrada.

O comparativo entre o tempo de execução de algoritmos pode ser dividido entre os problemas com tempo polinomial e os problemas com tempo exponencial. Para os problemas com tempo polinomial, o tempo aumenta proporcionalmente conforme o tamanho da cadeia de entrada seja incrementado. Já para o tempo exponencial isto não ocorre. Neste segunda caso pequenas mudanças nos tamanhos de entrada podem resultar em um aumento muito maior do tempo de execução.

Na figura 1 vemos a representação do tempo polinomial em comparação com o tempo exponencial.

**Figura 1: Tempo de execução**

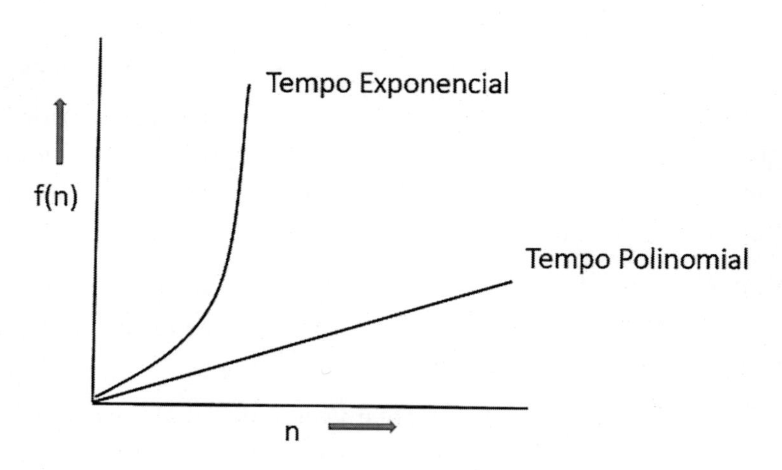


Fonte: Autoria própria

Para denotar a complexidade utilizamos a notação O, então tendo uma função f(n) que é a execução do algoritmo para uma entrada de tamanho n, representamos a complexidade da seguinte forma:

*Complexidade* $g(n) = O(f(n))$

Podemos dizer que g(n) tem uma taxa de crescimento que é proporcional a f(n), sendo a ordem máxima ou complexidade o O de f(n). Nisto indicamos que devemos sempre considerar o fator da expressão em que o tamanho da cadeia, ou valor de entrada, possui a maior taxa de crescimento.

Podemos exemplificar assim:

$g(n) = 300$ *então* $O(1)$

$g(n) = x2^n$, *sendo k uma constante, então* $O(2^n)$

$g(n) = n^2 + 4$, *então* $O(n^2)$

$g(n) = n^4 + 4n^2$, *então* $O(n^4)$

Ao se trabalhar com algoritmos computacionais as principais complexidades encontradas são:

$O(1)$ *– constante;*

$O(\log n)$ *– logarítmica;*

$O(n)$ *– linear;*

$O(n \log n)$ *– n logarítmico de n;*

$O(n^2)$ *– quadrática;*

$O(n^3)$ *– cúbica.*

A consideração de somente um valor máximo de n ocorre porque quando n possui valores muito grandes os demais termos existentes no polinômio podem ser desprezados, considerando somente o de maior grandeza.

Podemos exemplificar a obtenção da complexidade da seguinte forma, seja P(n) um polinômio de grau k, desta forma P(n) possui complexidade $O(n^k)$.

Assim também temos que:

$O(f(n)) + O(f(n)) = O(f(n))$;

*E quando somamos o tempo:*

*Sendo* $T1(n) = O(f(n))$ *e* $T2(n) = O(g(n))$ *teremos:*

$T1(n) + T2(n) = O(max(f(n),g(n)))$

Ou seja, consideraremos a complexidade como o trecho máximo, o de maior valor de complexidade.

Já quando estamos considerando a multiplicação dos tempos, o que pode ocorrer quando temos um trecho que é repetidamente chamado e executado pelo primeiro trecho, temos o seguinte:

E quando somamos o tempo:

*Sendo* $T1(n) = O(f(n))$ *e* $T2(n) = O(g(n))$ *teremos:*

$T1(n) * T2(n) = O(f(n) * g(n))$

Então neste caso a complexidade é obtida pelo produto das complexidades do trecho mais interno com o trecho mais externo.

Podemos classificar a complexidade dos problemas de decisão em quatro classes: P, NP, NP-Completo e NP-Difícil. A seguir veremos as características de cada classe.

#### 9.1.1.1. Classe P

Os problemas da classe P são considerados simples e que podem ser resolvidos computacionalmente. Desta forma apresentando um algoritmo executável em tempo polinomial.

Podemos definir os problemas com complexidade de classe P como sendo o conjunto de todos os problemas de decisão que podem ser solucionáveis por um algoritmo determinístico em um tempo polinomial.

Existem muitos problemas computacionais cuja solução é em tempo polinomial, neste caso para qualquer entrada com tamanho n, podemos obter a complexidade de tempo no pior caso como $0(n^k)$ sendo k uma constante.

Os problemas de decisão são normalmente reconhecedores de linguagem que podem ser elaborados através de máquinas de Turing, neste caso os problemas de classe P também podem ser implementados através das máquinas de Turing, principalmente por serem executados em um tempo polinomial.

Desta forma tendo um programa M que finaliza para todas as cadeias de entrada pertencentes ao alfabeto reconhecido pela gramática, sua complexidade de tempo será: $T_M : N \rightarrow N$ onde:

$T_M(n)$ será o tempo de execução máximo pertencente a N considerando todas as entradas com tamanho n.

Neste caso o programa M é chamado de programa de tempo polinomial caso exista um polinômio p onde, para todo tamanho de entrada tenhamos:

*$T_M(n)$ menor ou igual a p(n).*

Assim sendo, a classe P pode então ser definida como a classe das linguagens que são definidas por: Problemas que reconhecem uma linguagem em um tempo polinomial M para toda entrada possível.

Considerando que a complexidade dos problemas de classe P são o polinômio de grau k, desta forma P(n) possui complexidade $O(n^k)$.

#### 9.1.1.2. Classe NP

Os problemas computacionais com complexidade de classe NP são os problemas de decisão que podem ser solucionáveis por algoritmo não determinístico em um tempo polinomial.

Tanto os problemas de classe P quanto de classe NP podem ser resolvidos em um tempo exponencial. A diferença é que como os problemas de classe NP são não-determinísticos, então podem ocorrer diversas execuções para uma mesma entrada, sendo cada execução para cada possibilidade de caminho a ser seguido pelo algoritmo.

A definição formal sobre os problemas de classe NP é apresentada através de uma máquina de Turing não determinística. Para isto podemos considerar M a máquina de Turing que reconhece a linguagem $L_M$. Para cada cadeia de entrada w pertencente a $L_M$ determina-se que o tempo mínimo de execução como a quantidade de estados percorridos pelo algoritmo entre a entrada até alcançar o estado final aceito.

Para estes problemas consideram-se as etapas que foram visitadas nas cadeias reconhecidas, definindo que $T_M(n)$ deve ser igual a 1 quando nenhuma cadeia de entrada de comprimento n for reconhecida por M.

Desta forma o problema será definido como NP quando existir um polinômio p onde $T_M(n)$ é menor ou igual a p(n) com n maior ou igual a 1.

### 9.1.1.3. Classe NP-Completo

A definição de um problema que seja da classe NP-Completo é que este seja um problema da classe NP e que todos os problemas da classe NP possam ser redutíveis a este problema.

Com isto obtém-se uma propriedade dos problemas NP-Completos, de que se um problema NP-Completo apresentar uma solução determinística polinomial, ou seja, é de classe P, então qualquer outro problema da classe NP também terá uma solução similar. Isto devido à redução polinomial.

### 9.1.1.4. Classe NP-Difíceis

Os problemas da classe NP-Difíceis são problemas NP-Completos que podem ser reduzidos polinomialmente, porém o algoritmo não determinístico polinomial que consiga resolvê-los em um tempo polinomial é desconhecido.

Este fator faz com que não seja possível comprovar se estes problemas pertencem ou não a classe P, exceto quando temos que P é igual a NP.

Podemos generalizar o conceito de NP-Difícil podendo aplicar para problemas que não sejam somente de decisão. Uma das classes mais genéricas existentes é a dos problemas de busca.

A proposta de um problema de busca é termos um conjunto D de objetos finitos que são as entradas sendo que para cada entrada E pertencente a D temos um conjunto S(E) de objetos finitos que chamamos de solução para E.

Para tratar este problema de busca podemos ter um algoritmo que, considerando uma entrada E o algoritmo irá retornar não quando S(E) for vazio. Caso S(E) não seja vazio então irá retornar à solução s que pertença a S(E).

Podemos determinar que qualquer problema de decisão pode ser tratado como um problema de busca, onde de decisão Π pode ser formulado como um problema de busca. Basta definir S(E) = {'sim'} caso E pertença a Y, e quando S(E) igual a vazio quando E não pertença a Y.

Atuando desta forma temos que todo problema de decisão pode ser visto como um problema de busca.

## 9.2. TEOREMA DE COOK

O teorema de Cook se refere aos problemas NP-Completos, no caso o primeiro problema NP-Completo a ser identificado foi apresentado por Cook em 1971 e foi chamado de Satisfabilidade.

A Satisfabilidade considera o seguinte, a entrada é o conjunto de literais U sendo $U = \{u_1, u_2, u_3... u_n\}$ e temos um conjunto de clausulas $C = \{c_1, c_2, c_3... c_m\}$ sendo que cada $c_i$ com i entre 1 e m é composto de literais de U.

As possibilidades de resposta são "sim" se e somente se existir uma atribuição de valores que são lógicos para cada um dos literais pertencentes a U de tal forma que satisfaça todas as cláusulas de C. E, no caso contrário, a resposta é "não".

## 9.3. CONCLUSÕES

Ao longo deste capítulo identificamos formas de verificar se uma solução de um problema é viável ou não. Isto é muito importante, pois algoritmos que conseguem tratar determinadas situações não são viáveis devido ao tempo que demandam para finalizar a tarefa, conforme o tamanho da cadeia de entrada.

Através da compreensão da relevância do tempo de execução pode-se trabalhar na otimização dos problemas, conseguindo obter soluções mais propensas a serem utilizadas.

Apesar da maioria dos problemas serem polinomiais, nem todos são, neste ponto as questões não determinísticas necessitam de uma atenção maior. Quando temos casos NP-Completos é preciso identificar a sua concepção.

Neste ponto problemas como NP-Difíceis são casos mais complexos que demandam mais do pesquisador a fim de obter algo praticável.

A complexidade computacional é um fator determinando que emprega uma métrica mais simples, porém de uso mais robusto para tratar dos mais diversos casos de uso.

# 10. REFERÊNCIAS BIBLIOGRÁFICAS


DIVERIO, T. A.; MENEZES, P. B. **Teoria da Computação – Máquinas Universais e Computabilidade**. Porto Alegre: Bookman, 3ª. ed., 2011.

RAMOS, M. V. M.; NETO, J. J.; VEGA, I. S. **Linguagens Formais**. Ed. Bookman. 2009.

ROSA, J. L. G. **Linguagens Formais e Autômatos**. Editora LTC, 2010.

SIPSER, M. **Introdução à Teoria da Computação**, Editora Thompson, Tradução 2ª. ed., 2007.

TOSCANI, L. V. e VELOSO, P. A. S., **Complexidade de Algoritmos**. Editora Sagra Luzzatto – UFRGS, 2002.

VIEIRA, N. J. **Introdução aos Fundamentos da Computação: linguagens e máquinas**. São Paulo: Pioneira Thomson Learning. 2006.